Wie man Weihnachtsdackel bändigt
und Wichtelverstecke findet

Madlen Ottenschläger, geboren 1979, hat zwar noch keinen Weihnachtsdackel gebändigt, aber schon einige Wichtelverstecke mit ihren zwei Kindern entdeckt. Sie studierte Politik, Soziologie, Literatur und Kommunikationswissenschaft in München und besuchte die Deutsche Journalistenschule. Nach einigen Jahren als Redakteurin bei »Brigitte« arbeitet sie heute frei, seit 2022 überwiegend als Kinderbuchautorin. Mit ihrer Familie lebt sie am Rand der Schwäbischen Alb, in der Nähe von Ulm. Madlen Ottenschläger wird durch die Agentin Ulrike Schuldes vertreten.

Annika Sauerborn lebt und arbeitet als Illustratorin im schönen Mainz am Rhein. Hier hat sie Kommunikationsdesign studiert und 2010 mit Diplom abgeschlossen. Seitdem ist sie selbstständig und erzählt Geschichten in Bildern. Sie erschafft neue Welten und Charaktere und bedient sich dabei gerne der klassischen Mal- und Zeichentechniken, nutzt aber auch die digitalen Möglichkeiten. Ihr unverwechselbarer, lieblicher Stil macht den Bereich Kinder- und Jugendbuch zu ihrem Schwerpunkt.

Mehr über unsere Bücher, Autor:innen und Illustrator:innen unter
www.thienemann.de

MADLEN OTTENSCHLÄGER • FRAU ANNIKA

Wie man Weihnachtsdackel bändigt und Wichtelverstecke findet

ess!inger

Für Henri und Siri

1.
Der falsche Weihnachtsmann

Klirr-klapp-klapp-klapp. Ich liiiiiiiebe dieses Geräusch. Mein Bauch macht sofort Glückspurzelbäume, wenn ich es höre. So klingt es nämlich, wenn Mama die grüne Thermoskanne aus dem Küchenschrank holt. Jetzt zischt es gleich noch. Gluckzischzisch.

Juhu! Das war jetzt der Tee, den Mama eingefüllt hat.

Und Tee in der grünen Thermoskanne bedeutet: Wir machen einen Ausflug. Einen Weihnachtsausflug. Denn es sind ja nur noch fünf Tage bis Weihnachten. Vor Freude hüpfe ich wie ein Känguru aus der Küche und weiter in den Flur.

Da treffe ich Mami, die aber denkt, ich sei ein Hase.

»Mami an den Weihnachtshasen!«, ruft sie jetzt nämlich. »Bleib mal stehen, du Tannenbaumhoppler.« Und das mache ich sofort, denn Mami hält mir ihr Smartphone vor die Nase.

»Guck, Jule, das ist der Stall, zu dem wir fahren«, sagt sie.

Jule, das bin ich. Und wir, das sind …

»Ich will das auch sehen!« Peng, habe ich einen Rumpler in der Seite. Ich wackele wie Wackelpudding, sodass ich kein bisschen mehr sehen kann, was Mami mir zeigt.

»He!«, rufe ich und rumpele zurück.

»Nele, Jule, Schluss jetzt!«, bestimmt Mami.

Nele, das ist meine Schwester. Meine kleine Schwester! Das ist ja wohl klar, so wie die sich manchmal benimmt. Und Mama und Mami sind meine Mamas. Mama Karoline und Mami Alessia. Alle zusammen sind wir Familie Wendenius.

Aber »wir« meint heute noch einen mehr. Nämlich Artur! Artur ist mein allerbester Freund.

Er wohnt in der Wohnung genau gegenüber. Das ist ziemlich praktisch, weil ich kein bisschen Schuhe anziehen muss, wenn ich Artur besuche. Manchmal ziehe ich noch nicht einmal eine Hose an! Also, eine echte Hose meine ich. Ich flitze dann nur im Schlafanzug über den Hausflur und klingele. Eins, zwei, drei, vier, abgezählt! So weiß Artur sofort, dass ich es bin. Manchmal habe ich Glück und Artur und Hanne frühstücken noch. Das ist darum so super, weil es bei Artur und seiner Mama Schokocreme aufs Brötchen gibt. Echt wahr! Aber nur am Wochenende. Montags, dienstags, mittwochs und donnerstags muss ich sowieso in die Schule. Und freitags auch. Der Freitag heißt nur Frei-Tag, in Wahrheit ist er kein bisschen frei.

Heute ist Samstag. Das ist bauchkribbelglückschön. Denn auf Mamis Smartphone gucken Nele und ich das Foto von einem Stall an. Der Stall sieht ganz genauso aus wie der Stall in meinem Weihnachtsbuch, das die Weihnachtsgeschichte erzählt. Gut, es liegt jetzt kein Baby in einer Krippe. Und Maria und Josef fehlen. Und die Engel. Und die Hirten. Und ein Ochse und ein Esel stehen auch nicht da. Aber dafür tausend Millionen Schafe und Ziegen. Und außen ist der Stall aus Holz und innen drin ist ganz viel Heu und Stroh. Der Stall steht aber nicht in Bethlehem, sondern ganz in unserer Nähe. Und heute ist dort Stall-Weihnacht! Das bedeutet, dass alle, die wollen, vorbeikommen dürfen. Sie können dann die Schafe streicheln und die Ziegen füttern. Außerdem gibt es Lebkuchen und gebrannte Mandeln. Und man kann Sterne basteln und Stockbrot über einem Feuer rösten.

Als ich jetzt nach der Keks-Packung greife, die so halb unter meiner Winterjacke liegt, schüttelt Mami darum den Kopf. »Nein, Jule«, sagt sie. »Beim Weihnachtsstall gibt es sowieso schon so viel Süßkram. Da lassen wir die Kekse zu Hause.«

Fies ist das! Und oberfies ist eine Schwester, die mich schon wieder rumpelt. Diesmal aber nur so leicht. Ein Glück! Denn so sehe ich, dass Nele meinen Rucksack hinter ihrem Rücken hält. Ich weiß natürlich sofort, was sie vorhat.

Als Mami jetzt in ihr Handy tippt, greife ich mir die Kekse und lasse sie in den Rucksack gleiten.

Und dann klingelt es. Ein, zwei, drei, vier, abgezählt! Das ist natürlich Artur.

Mami öffnet die Tür, und darum kriegt sie Neles und mein Keks-Geheimnis noch viel weniger mit.

Jetzt kommt Mama aus der Küche und fragt: »Kann es losgehen? Sind alle bereit?«

»Jaaaaa!«, rufen Nele und ich wie aus einem Mund. Artur nickt. Er ist eher so der Schweiger. Außer, wenn wir beide allein sind. Dann redet er und redet und redet. Das ist, weil wir uns so gut verstehen.

Im Auto sitze natürlich ich in der Mitte. In der Mitte kann man am allerbesten vorne rausgucken. Außerdem bin ich die Älteste. Ich bin sieben. Artur ist noch sechs. Und das, obwohl wir beide gemeinsam in die erste Klasse gehen. Dass wir trotzdem nicht genau gleich alt sind, kommt daher, dass ich schon Geburtstag hatte. Das war im November. Artur hat erst im Frühling Geburtstag. Aber ich sitze auch darum in der Mitte, weil ich die Schwester von Nele *und* die beste Freundin von Artur bin. Die *wollen* na klar beide neben mir sitzen.

»Das ist so gemein!«, keift Nele. »Immer darf Jule in die Mitte. Nie darf ich! Ich will in der Mitte sitzen! Neben Artur!«

»Artur will aber kein bisschen neben dir sitzen!«, sage ich. »Artur will neben mir sitzen. Stimmts, Artur?«

Artur zuckt nur mit den Schultern.

»Ich habe einen Vorschlag«, sagt Mama und steigt auf der Fahrerseite ein. »Ihr tauscht einfach auf der Rückfahrt? Da darf dann Nele in die Mitte.«

»Pssssst jetzt«, grummelt Mami. »Ich muss gucken, wie wir

fahren müssen.« Dann tippt sie erst auf ihrem Smartphone, dann im Navi rum.

Nele und Artur nicken. Ich aber tue so, als hätte ich nichts gehört, und gucke aus dem Fenster. Und dann geht es endlich los. Aber nur für ganz kurz. Denn kaum sind wir losgefahren, stehen wir auch schon wieder. Und zwar im Stau!

»Mama, warum fährst du nicht?«, knurrt Nele. Als sie merkt, dass wir im Stau stehen, quengelt sie: »Mir ist langweilig! Wann sind wir da? Wann geht es endlich weiter?«

Daran merkt man natürlich, dass Nele noch im Kindergarten ist. Artur und ich gehen ja schon in die Schule und nölen nicht wegen jedem Pups. Und wir haben supergute Ideen. Jetzt spielen wir »Ich sehe was, was du nicht siehst«.

Als Nele nicht mehr jammert, darf sie auch mitspielen. Die allerbeste Nicht-Sehung hat Artur: den silbernen Glitzerstern ganz vorne dran an Neles Winterstiefel!

Dann gucken wir den Weihnachtsstall noch mal auf Mamis Smartphone an. Dann fahren wir, aber nur kurz, denn jetzt muss Artur aufs Klo. Bei Nele und mir hätten Mama und Mami gestöhnt und tausend Mal gesagt: Konntest du das nicht noch zu Hause machen? Aber bei Artur fährt Mama einfach so und ohne Geseufze bei einem Autobahn-Parkplatz raus. Das ist gut. Denn jetzt pinkeln Nele und ich auch noch schnell. Und dann sind wir endlich da.

Fast. Wir fahren von der Autobahn auf eine Landstraße. Wir fahren und fahren, bis das Navi sagt: »Nach 300 Metern rechts abbiegen.« Mama bremst und ruft mit ihrer Das-glaube-ich-jetzt-nicht-Stimme: »Kann das sein, Alessia?«

Rechts nämlich ist nur Wiese und Feld und ein winziger Weg und überhaupt keine echte Straße. Alessia, das ist natürlich Mami.

»Äh, ja«, murmelt sie und starrt so gebannt auf das Navi, als wäre sie eine Schlangenbeschwörerin.

Mama starrt auch, aber auf den Mini-Weg. Der ist nämlich so holprig, dass sie sich beim Fahren dolle konzentrieren muss. »Du hast dein Ziel erreicht«, erklärt das Navi.

»Hä?«, flüstert Artur. »Wo ist denn der Weihnachtsstall?«

»Ja, Mama«, quiekt Nele. »Wo ist denn der Stall? Und wo sind die Schafe? Und die Ziegen? Und wo sind die gebrannten Mandeln und das Feuer?«

Plötzlich fühlt sich mein Bauch an, als hätte ich Steine verschluckt. Ganz schwere. Und große. Felsbrockengroß. Denn da ist kein Stall.

Mami tippt ganz hektisch auf ihrem Smartphone rum. »Oh nein«, keucht sie. »Oh nein.«

Mama guckt Mami an und zieht eine Augenbraue nach oben. Eine Augenbraue bedeutet: Alarmstufe Rot. Beide Augenbrauen: Alarmstufe Feuerrot. Die Steine in meinem Bauch türmen sich zu einem Gebirge auf.

»Wir sind falsch, oder, Alessia? Wir sind ganz und gar falsch«, sagt Mama.

Mami nickt. »Es tut mir so leid, aber ich habe Echig ins Navi eingegeben. Der Weihnachtsstall ist aber in Eching. Und Eching ist exakt ganz genau …«

»… in der anderen Richtung«, seufzt Mama.

Schnell rufe ich: »Aber das macht nichts, oder? Wir fahren trotzdem zum Weihnachtsstall?«

Mami antwortet nicht. Mama murmelt: »Ich fahre jetzt erst einmal da vorne an den Wald, da kann man halten.« Und obwohl sie kein bisschen beide Augenbrauen nach oben zieht, spüre ich: Das ist nicht mehr Alarmstufe Rot. Das ist Alarmstufe Feuerrot. Nele fängt an zu weinen.

Und tatsächlich. Kaum halten wir am Wald, geschieht das Allerallerschlimmste.

Mama und Mami gucken sich an. Dann sagt Mama: »Es ist so: Wir werden heute nicht mehr zum Weihnachtsstall fahren.«

»Der Weihnachtsstall ist zu weit weg«, ergänzt Mami. »Das schaffen wir nicht. Wenn wir da sind, hat der Weihnachtsstall schon geschlossen.«

Meine Bauchsteine purzeln. Mein Bauch ist nämlich jetzt ein Riesenloch, in das alles reinplumpst. Meine Freude auf den Stall und die Schafe und die Ziegen und die gebrannten Mandeln. Dann wird mein Hals eng. Schon kullern Tränen. Doch genau in diesem Moment geschieht das Allerallerwunderbarste. Ganz langsam fährt nämlich ein Auto ran. Es parkt genau neben uns. Ich höre, dass Nele die Luft anhält. Artur knufft mich in die Seite. Sie sehen es auch! Das hört sich vielleicht an wie Quatsch. Aber als sich die Tür jetzt öffnet, steigt … der Weihnachtsmann aus! Er hat einen langen, weißen Rauschebart und auf dem Kopf eine rote Mütze. Er trägt eine rote Hose und ein rotes Oberteil. Und er lächelt so freundlich, wie nur der Weihnachtsmann lächeln kann! Artur reißt die Autotür auf, und schon quetschen ich und Artur uns raus, so schnell, dass wir beinahe übereinanderpurzeln. Mama, Mami und Nele steigen auch aus, aber das sehe ich nur aus den Augenwinkeln.

Hä? Jetzt kapiere ich überhaupt nichts mehr. Der Weihnachtsmann hat nämlich … ein Kind! Er hält jetzt die hintere Autotür auf und ein Junge steigt aus.

»Hallo, ich bin Leon«, sagt er.

»Und ich bin der Christian«, sagt der Weihnachtsmann.

Weil Artur wieder ein Schweiger ist, sage ich schnell: »Ich bin Jule«.

Dann stellen sich alle anderen vor. Mama und Mami, Nele, und ganz zum Schluss auch Artur. Und jetzt kommts: Der Weihnachtsmann ist kein bisschen der Weihnachtsmann.

Der Weihnachtsmann ist ein Förster, der sich nur als Weihnachtsmann *verkleidet* hat. Aber nicht für die Tiere im Wald, sondern für das Schul-Weihnachtsfest seines Sohnes. Sein Sohn, das ist ja klar, ist Leon. Bis eben hat der Nicht-Weihnachtsmann in der Schule Kuchen verkauft. Mami lacht. Dann erzählt Mama, dass wir uns ganz dolle verfahren haben. Jetzt lacht der Nicht-Weihnachtsmann. Puh, wie fies! Jetzt weiß ich aber so was von total, dass er ganz in echt nicht der Weihnachtsmann ist. Denn ehrlich, so etwas würde der echte Weihnachtsmann niemals machen! Auslachen ist total gemein. Doch bevor ich mich ärgern kann, geschieht etwas so Wunderbares, dass ich mich doch ein bisschen kneifen muss. Ein echtes kleines Weihnachtswunder.

»Leon und ich sind in den Wald gekommen, um die Rehe zu füttern«, sagt der Nicht-Weihnachtsmann-Förster, der jetzt nur noch ein Förster ist. Denn die rote Mütze und den weißen Rauschebart hat Christian inzwischen abgelegt.

Nach einer Hoffentlich-hoffentlich-Stille fragt Christian tatsächlich: »Wollt ihr mitkommen?«

»Oh ja, ja, ja!«, rufen Nele, ich und sogar Artur. Nele hüpft wie ein Gummiball auf und ab. Mama und Mami lachen und nicken.

Der Wald ist winterstillleise, und wir sind es auch. Denn nur wenn wir winterstill sind, das hat Christian noch erklärt, sehen wir vielleicht ein Tier. Im Flüsterton erzählt er jetzt, wer alles hier im Wald lebt. Eichhörnchen und Rehe, Füchse und Wildschweine, Hasen und Mäuse. Und natürlich Käfer und Würmer, Vögel und Insekten. Leon kennt die Namen beinahe aller Bäume, Büsche und Pflanzen, an denen und unter denen wir vorbeikommen. Plötzlich wird der Weg heller. Zwischen den dichten Waldbäumen taucht eine Lichtung auf. Dort steht ein Häuschen, das aussieht wie ein Hexenhaus! Natürlich ohne Lebkuchen und Zuckerguss, aber es ist ganz klein und ein bisschen windschief und aus Holz.

Christian hält an und bedeutet uns mit der Hand, dass auch wir anhalten sollen. Neben dem Häuschen steht ein Gestell aus Holz. Christian wispert: »Das ist die Futterkrippe. Und die füllen wir jetzt auf.«

Wir nicken, und dann schleichen wir Kinder mit Christian los. Als Christian das Häuschen aufschließt, sehen wir Heu, Heu und noch mehr Heu! Christian und Leon packen sich ihre Arme voll, und das machen Nele, Artur und ich jetzt auch, bis die Futterkrippe richtig doll voller Heu ist. Gemeinsam gehen wir zu Mama und Mami, die am

Rand der Lichtung auf uns warten. Jetzt bloß nicht Artur angucken! Denn wenn ich leise sein muss, und ich gucke dann Artur an, fliegt das Kichern nur so aus mir raus. Darum gucke ich lieber ganz schnell auf den Waldboden. Auf dem Waldboden liegt Moos. Es wächst unter meinen Winterstiefeln. Von dort kriecht es auf eine Baumwurzel und dann weiter auf einen Baumstamm. In mir kribbelt es. Ob da wohl Wichtel wohnen? Plötzlich zwickt und knufft mich etwas! Das ist Artur, der mir seinen Ellbogen in die Seite bohrt. Und da sehe ich es auch: Es sind aber keine Wichtel, die auf die Lichtung kommen. Es sind Rehe. Eins, zwei, drei, vier Rehe!

»Schafe, pah«, sagt Artur, als wir wieder am Auto sind. »Rehe sind viel, viel toller.«

Also ich finde Schafe auch toll. Aber es stimmt trotzdem, was Artur sagt. Rehe beobachten ist nämlich viel, viel, viel aufregender als Schafe streicheln. Weil ich das noch nie gemacht habe!

Nur eins ist jetzt ziemlich blöde. Mein Bauch grummelt. Er fragt nach Mandeln und Stockbrot und Lebkuchen, aber die sind ja tausendweit weg. Zum Glück fällt mir da was ein.

»Oh, oh, das ist doch das Juleblitzen in deinen Augen!«, sagt Mami.

Aber ich sage nichts, sondern ziehe einfach meinen Rucksack vom Rücken und aus dem Rucksack die Geheim-Kekse. Mami guckt streng, aber dann muss sie doch lachen. Christian schmunzelt, denn er hat auch was zu verteilen. Im Kofferraum steht eine Schachtel. Und die ist voller Kuchen, der beim Schul-Weihnachtsfest übrig geblieben ist. Schnell holt Mama noch die grüne Thermoskanne aus dem Auto.

Und dann tanzt es plötzlich. »Es schneit!«, wispert Artur und breitet die Arme aus. Und das stimmt. Im Dämmerlicht tanzen und wirbeln ganz feine Schneeflöckchen. Wie schön das aussieht! Natürlich tanzen und hopsen und wirbeln wir Kinder nun auch. Und meine Zunge, die wirbelt mit. Wie herrlich doch Schneeflöckchen schmecken! Doch immer wieder stehen wir auch ganz still. Wenn wir Tee trinken

und Kekse und Kuchen naschen. Ach, so ein Winterwald-Picknick ist einfach nur wunderbar. Und eins weiß ich jetzt auch: Es ist kein bisschen schlimm, wenn man sich verfährt. Zumindest dann nicht, wenn man Christian trifft. Den allerbesten Weihnachtsmann der Welt.

2.

Der schwerhörige Wunschzettel

SONNTAG, 20. DEZEMBER

Als ich aufwache, weiß ich es sofort. Das, was ich gestern gedacht habe, war absolut gelogen.

Die Wahrheit ist: Christian ist *nicht* der allerbeste Weihnachtsmann der Welt. Der allerbeste Weihnachtsmann der Welt ist natürlich der echte Weihnachtsmann! Und das weiß ich deshalb, weil mir gerade etwas einfällt. Ich habe dem Weihnachtsmann noch überhaupt keinen Wunschzettel geschickt!

»Mama!«, rufe ich. »Mama, Mama!« Zack, geht die Tür auf. »Ich muss noch meinen Wunschzettel schreiben!«, erkläre ich.

Mama legt den Kopf schief.

»Stimmt«, sagt sie dann. »Und Nele hat auch noch keinen Wunschzettel geschrieben. Das könnt ihr doch zusammen machen, oder? Und fragt doch auch noch Rine, ob sie mitmachen will.«

Ich verdrehe meine Augen. Das kann Mama gar nicht lei-

den. Sofort saust ihre linke Augenbraue nach oben. Aber ich kann es gar nicht leiden, wenn Mama so bestimmt. Den Wunschzettel schreibe ich ja wohl mit Artur! Doch dann fällt mir noch was ein.

Aber stopp, zuerst muss ich wohl noch was erklären. Rine ist auch meine Freundin. Sie wohnt genau eins unter Nele und mir. Sie ist ein bisschen jünger als Artur und ich. Nämlich fünf, aber beinahe schon sechs. Und ich weiß schon, warum Mama vorschlägt, dass ich Rine fragen soll. Denn Rine wird große Schwester. Nicht irgendwann, sondern in den nächsten Tagen. Vielleicht wird das Baby ein Weihnachtsbaby, sagt Mami. Und das sieht man auch. Denn Rines Mama Isabel hat einen kugelrunden Bauch. Als hätte sie eine Weihnachtsbaumkugel vom Weihnachtsbaum eines Riesen verschluckt. Und weil so ein Weihnachtsbaumkugel-riesenbauch enorm anstrengt, holen Mama und Mami Rine gerade ziemlich oft zu uns hoch. Oder sagen uns, dass wir Rine holen sollen. So wie jetzt. Und was mir eben einfiel, ist, dass Rine Glitzerkleber-Stifte hat. Damit werde ich dem Weihnachtsmann den allertollsten Wunschzettel der Welt schreiben. Denn, Spucke drauf, dann kriege ich auch die allertollsten Geschenke der Welt.

Rine nimmt tatsächlich ihre Glitzerkleber-Stifte mit, als ich und Nele bei ihr klingeln. Da muss ich nicht einmal fragen.

Zusammen holen wir Artur. Artur klemmt sich eine Papp-
schachtel voller Weihnachtssticker unter den Arm. Dann gehen wir in mein Zimmer. Auf meinem Schreibtisch liegen
schon Scheren und buntes Papier.

Doch dann fällt mir *noch mal* was ein. Es ist so gut, dass mein
Herz vor Freude einen Hüpfer macht. Und jetzt kommts:
Der Weihnachtsmann findet es doch ganz
sicher sehr nett von mir, dass ich Rine und
sogar Nele mitmachen lasse! Ganz sicher

macht der Weihnachtsmann viel lieber netten Kindern ein Geschenk als superfiesen. Außerdem ist Rine auch selber nett. Und schlau. Obwohl sie noch kein bisschen in der Schule ist. Denn als ich mir gerade das rote Papier greife und losbasteln will, fragt sie:

»Ist der Weihnachtsmann schwerhörig?«

»Hä?«, mache ich erst einmal.

Doch dann erklärt Rine: »In einem Film ist ein Erfinder schwerhörig, und darum baut er nur Quatsch-Erfindungen. Weil er eben immer was falsch versteht. Und wenn der Weihnachtsmann nun auch schwerhörig ist, dann bekommen wir nur Quatsch-Geschenke. Keine Puppe, sondern eine Suppe. Und kein Playmo-Haus, sondern eine echte Maus. Und keinen Zoo, sondern einen Stinke-Popo.«

»Stinke-Popo! Unterm Weihnachtsbaum!« Ich kichere so dolle, dass ich mich auf den Fußboden legen muss. Artur lacht so sehr, dass er Schluckauf bekommt.

Und Nele kreischt: »Stinke-Po, Stinke-Po!«

»Pffff«, macht dann aber Artur zwischen zwei Hicksern. »Das kann ja überhaupt nicht passieren. Wir rufen den Weihnachtsmann doch nicht an. Wir schreiben ihm. Oder hast du etwa seine Handynummer?«

»Oh nein, Artur!«, rufe ich. »Das ist ja noch viel, viel schlimmer! Vielleicht ist der Weihnachtsmann so ein Schwerleser wie wir?«

Artur weiß sofort, was ich meine. Der geht ja mit mir in die Schule. Und jetzt verrate ich es einmal: Lesen ist super-, superschwierig. Es ist das vielleicht Schwerste überhaupt in der Schule. Einmal angenommen, da steht ein S. Das S ist ein Buchstabe, der wie eine Schlange aussieht. Und wie eine Schlange macht er auch: sssssssssss. Und nun steht neben dem S ein O, das ist auch wieder ein Buchstabe. Das O sieht aus wie ein Kreis, und es klingt nach totalem Erstaunen: Oooooooooo. Beim Lesen rutscht der erste Buchstabe in den zweiten rein, so richtig mit Karacho. Und dann wird aus S und O ein SO. Das ist noch babyeinfach.

Gar nicht babyeinfach geht es dann aber weiter. Denn wenn ich SO lese, dann weiß ich schon das ganze Wort, ist doch klar, SO-SO-SONNE. Und das rufe ich dann laut raus. Anstatt die anderen Buchstaben auch noch anzugucken. Vielleicht steht da kein bisschen SO-SO-SONNE, sondern SO-SO-SOMMER. Oder, noch viel, viel schlimmer: SO-SO-SORGEN.

Wir wünschen uns vom Weihnachtsmann Sonne, und alles, was wir kriegen, sind Sorgen!

»Was wünschst du dir denn?«, fragt Rine mich jetzt.

Da muss ich kein bisschen nachdenken. »Einen Hund!«, schießt es aus mir raus.

»Hund, bunt, Schlund«, reimt Rine. »Wenn der Weihnachtsmann schwerhörig ist, bekommst du einen Schlund.

Das ist ein schwarzes Loch, das alles verschlingt, und dann ist der Hund futsch und alle deine Legos auch.«

»Ich wünsche mir sowieso Lego Ninjago!«, erklärt Nele.

»Ninjago, so, wo, Klo«, reimt Rine.

»Nele kriegt ein Klo zu Weihnachten!«, kichere ich.

»Selber Klo!«, blökt Nele und funkelt mich mit Wutblitz-Augen an. »Ich sage Mama, dass du Klo zu mir gesagt hast.«

»Habe ich gar nicht!«, schreie ich.

»Hast du doch!«, schreit Nele.

»Habe ich nicht!«

Mama und Mami sagen immer, dass ich und Nele nicht schreien sollen, aber schreien ist doch gut. Denn als ich meine Wut jetzt rausschreie, hüpft eine Idee in mich rein.

»Ich habs!«, rufe ich. »Wir malen unsere Wünsche einfach auf! Dann ist es ganz egal, ob der Weihnachtsmann schwerhörig ist oder ein Schwerleser oder nicht.«

Das finden Nele, Artur und Rine gut. Und darum machen wir das dann auch. Ich male einen Hund, und Rine und Artur auch. Nur Nele malt keinen Hund. Nele malt ein Pferd. Was ziemlich blöde ist, denn wo bitte soll ein Pferd in einem Mietshaus stehen? Wir haben ja nur einen Innenhof, und in dem stehen schon unsere Fahrräder. Außerdem gibt es da kein Gras. Ein Hund hingegen passt in die kleinste Wohnung. Mit dem geht man einfach Gassi. Aber ein Pferd?

»Das erlauben Mama und Mami niemals! Am besten wünschen wir uns beide dasselbe, das macht den Wunsch viel, viel stärker!«, rufe ich.

»Dann wünsch du dir halt auch ein Pferd«, zornt Nele.

Schwupps, geht die Zimmertür auf. Mami steckt zuerst ihren Kopf rein, dann steht die ganze Mami in meinem Zimmer. »Also«, sagt sie, und ich weiß schon, was jetzt kommt. Dann sagt Mami es: »Es gibt keinen Hund zu Weihnachten, und es gibt auch kein Pferd. Es gibt überhaupt kein Tier zu Weihnachten. Ihr braucht andere Wünsche. Und ich brauche ein bisschen mehr Ruhe. Geht das?«

»Ich wünsche mir tausend Wünsche!«, ruft Artur.

Mami lacht. »Dann brauchst du eine Hexe, Artur. Oder eine Fee.«

»Und kriegen tust du einen See!«, reimt Rine. »Also, falls der Weihnachtsmann schwerhörig ist.«

»Mami, ist der Weihnachtsmann schwerhörig?«, fragt Nele.

Mami wiegt den Kopf. »Hm, hm«, macht sie dann. »Schwerhörig? Der Weihnachtsmann? Ich glaube nicht. Aber er wird sich über Weihnachtswünsche freuen, die er auch erfüllen kann. Ein Pferd«, und jetzt guckt Mami Nele an, »kann ja nicht in einem Innenhof wohnen, in dem es nicht einmal ein einziges Grasbüschel gibt.«

Ha! Wusste ich es doch. Leider guckt Mami dann auch mich an. »Und ein Hund kann auch nicht in einer Familie leben, in der die Eltern arbeiten und die Töchter in den Kindergarten und in die Schule gehen. Er wäre den ganzen Tag allein. Das wäre ziemlich gemein.«

»Und jetzt?«, frage ich, als Nele, Artur, Rine und ich wieder allein sind. »Was wünschen wir uns jetzt?« Mein Bauch fühlt sich total einsam an. Der hatte sich schon so auf das Kuscheln und Kraulen und Streicheln und Toben mit dem Weihnachtshund gefreut. Plötzlich aber ist es gut, dass ich eine Schwester habe. Denn Nele ruft: »Ich habe eine Idee!« Die hat sie wirklich. Und Neles Idee ist obergut.

Nele sagt: »Wir wünschen uns den Hund kein bisschen für uns. Wir wünschen uns den Hund für jemanden, der immer, immer zu Hause ist.«

»Das ist eine super Idee, Nele!«, jubele ich. »Das machen wir. Wir wünschen uns einen Halbhund! Der ist dann halb bei uns und halb bei jemand, der immer Zeit hat.«

»Nämlich immer dann, wenn wir in der Schule sind!«, erklärt Artur.

»Oder im Kindergarten«, ergänzt Rine.

Der Jemand muss natürlich bei uns im Haus wohnen. Frau Kindermann geht schon mal nicht. Die ist Stewardess und dauernd weg. Herr Kindermann ist keine Stewardess, aber auch dauernd weg. Dann gibt es noch eine WG im Haus. Das bedeutet Wohngemeinschaft. Allerdings zieht da dauernd jemand aus und ein. Das ist auch nicht gut. Da wäre der Halbhund ja ruckzuck ein Nicht-mehr-bei-uns-im-Haus-Hund. Nele, Artur, Rine und ich gucken uns ratlos an. Doch dann flüstert Artur: »Herr Nowak!«

Und ehrlich, das ist die Lösung. Herr Nowak wohnt gegenüber von Rine. Und Herr Nowak ist Rentner. Das bedeutet aber nicht, dass er andauernd rennt, ganz im Gegenteil. Es bedeutet, dass er dauernd hockt. Im Sommer im Innenhof und jetzt, im Winter, am Fenster. Weil er nämlich kein bisschen mehr arbeitet, und in die Schule oder in den Kindergarten geht er natürlich auch nicht. Er ist ja schon seit tausend Jahren erwachsen. Rentner bedeutet, dass man so alt ist, dass man mit dem Arbeiten schon fertig ist. Dann hat man superviel Zeit. (Außer man ist mein Nonno oder mei-

ne Nonna. Die sind zwar beide auch Rentner, haben aber nie Zeit. Nonna turnt dauernd im Verein oder geht walken. Nonno repariert für Menschen, die das nicht selber können, Sachen oder geht zur Krankengymnastik.)

Herr Nowak ist da. Denn als wir bei ihm klingeln, geht die Tür auf. Schnell greife ich nach Arturs Hand. Ich mag das nicht so, einfach bei anderen klingeln. Aber Artur hat gesagt, wir müssen das machen. Weil wir wissen müssen, ob Herr Nowak Hunde mag. Ich kneife einmal meine Augen ganz fest zu, weil ich denke, dass ich träume. Aber ich träume nicht. Im Türrahmen stehen Herr Nowak und ein Hund. Der Hund ist ein Dackel. Ein echter, lebendiger Dackel-Hund!

»Bist du der Weihnachtsmann?«, platzt es aus Nele raus.

»Der Weihnachtsmann?« Herr Nowak kratzt sich an der Nase. »Du meinst, weil ich alt bin und weiße Haare habe?«

»Nee, weil Sie einen Hund haben«, flüstere ich. »Das ist doch unser Weihnachtswunsch. Wir wollen uns wünschen, dass Sie einen Hund kriegen!«

»Oh«, sagt Herr Nowak. Er guckt erst ziemlich verdattert, dann lacht er los. Laut und so lustig glucksend, dass auch Nele, Artur, Rine und ich lachen.

»Und den Hund wolltet ihr mir wünschen, weil es dann endlich einen Hund im Haus gibt, den ihr streicheln könnt?«, fragt Herr Nowak nun.

»Und ausführen!«, quäkt Nele.

»Genau«, sage ich. »Der Hund wäre ein Halbhund. Halb würde er uns gehören und halb Ihnen.«

»Ah«, macht Herr Nowak. »Ich verstehe. Ja, so ein Halbhund wäre wirklich etwas sehr Feines. Aber wisst ihr was?« Herr Nowak beugt sich zu uns nach unten. Und jetzt ist es Herr Nowak, der flüstert:

»Fritzi ist tatsächlich ein Halbhund. Und Fritzi ist ein Weihnachtshund. Ja, das trifft es am allerbesten. Tatsächlich ist Fritzi nämlich nicht mein Dackel. Er gehört einer Freundin von mir, die über Weihnachten nach Polen zu ihrer Tochter gefahren ist. Solange passe ich auf Fritzi auf.«

Nele beißt sich auf die Unterlippe. Das macht sie immer, wenn sie traurig ist. Es ist aber auch wirklich gemein! Zuerst haben Nele, Artur, Rine und ich keinen Hund. Dann haben wir einen Halbhund, sogar noch bevor wir uns den Halbhund überhaupt gewünscht haben. Und jetzt ist der Halbhund ja schon beinahe wieder fort, kaum dass er überhaupt da war.

Doch nun geschieht schon wieder etwas Weihnachtswunderbares!

»Wisst ihr was?«, fragt Herr Nowak. »Mir tut mein Rücken weh.«

Halt. Stopp. Das ist natürlich nicht das Weihnachtswunderbare. Das Weihnachtswunderbare kommt jetzt. Herr Nowak sagt: »Könnt ihr mir einen riesengroßen Weihnachtsgefallen tun und mit Fritzi Gassi gehen? Also, wenn eure Eltern das erlauben.«

Oh, und ob wir das können! Und natürlich erlauben es unsere Eltern. Und eins ist damit wohl oberklar: Viel, viel besser als ein schwerhöriger Weihnachtsmann ist ein hellhöriger Weihnachtsmann, der Halb-Wünsche schon vor Weihnachten erfüllt. Die Wunschzettel schreiben wir, na klar, trotzdem noch. Für Herrn Nowak wünschen wir uns keinen Weihnachtshund. Wir wünschen ihm einen Halbhund, der immer bleiben kann. Nun wissen wir ja, dass Herr Nowak Hunde mag. Aber davor streicheln, füttern und kuscheln wir noch Fritzi.

3.
Der verflixte Osterwichtel

Als ich am nächsten Morgen aufwache, muss ich auch gleich schon aufstehen.

»Guck doch mal in deinen Adventskalender«, sagt Mama, die heute Morgen mit Wecken dran ist. »Vielleicht fällt dir dann das Aufstehen leichter?«

Und tatsächlich. Denn als ich das Türchen in meinem Adventskalender öffne, bin ich plötzlich hellwach und muss sofort auf und ab hüpfen, so sehr freue ich mich.

Und Nele, die hüpft auch. Nämlich in mein Zimmer.

»Guck mal, Jule!«, ruft sie und hält mir einen Engel vor die Nase. Der Engel glänzt und ist silbern und besteht nur aus einem Rand. Er ist nämlich eine Plätzchenform. Genau so einen Engel hatte ich auch in meinem Adventskalender! Und was das bedeutet, wissen Nele und ich ganz genau: »Heute Nachmittag backen wir Plätzchen!«, jubeln wir im Chor.

Mama lacht. »Genau!«, bestätigt sie. »Aber jetzt flitzt ihr erst mal ins Bad. Los, los, ihr zwei Weihnachtsmäuse!«

»Weihnachtsengel!«, verbessere ich und halte meinen Engel hoch. Wie schön er ist! Er hat eine Trompete und Flügel. Plötzlich kribbelt alles in mir. Denn gemeinsam Plätzchenbacken ist einfach toll. Wir machen Weihnachtslieder an und Nele und ich binden unsere Schürzen um und dann geht es los … Also erst nach der Schule, da muss ich nämlich heute und morgen noch hin.

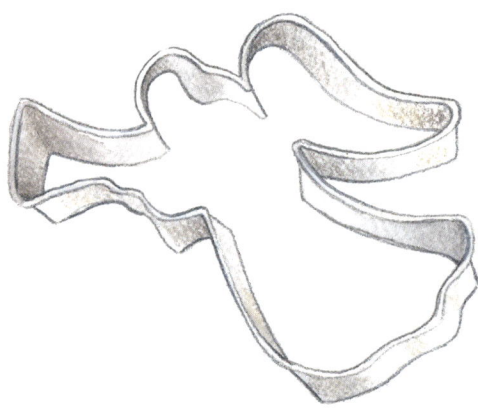

Doch als ich nach Hause komme, geht es kein bisschen los. Ich starre auf meinen Schreibtisch, so erschrocken, als hätte ich einen wilden Wolf gesehen. Mein Engel ist nicht da. Mein Engel ist weg! Ich entdecke ihn auch kein bisschen auf der Fensterbank, unter meinem Bett oder irgendwo sonst in meinem Zimmer. Das war natürlich Nele, das ist ja klar.

»Mama!«, brülle ich. »Mama!« Ich brülle lauter als ein wütendes Gespenst, das mit seinen Ketten rasseln kann.

Mama kommt in mein Zimmer gerannt.

»Nele hat meinen Engel geklaut!«, brülle ich.

Mamas Augenbrauen schießen nach oben. Das ist Alarmstufe Feuerrot.

»Doch, ehrlich, Mama«, sage ich darum schnell. »Heute früh war der Engel noch da! Ganz genau hier auf meinem Schreibtisch, wo der Adventskalender steht.«

»Jule«, sagt Mama. »Nele war heute früh nicht mehr in deinem Zimmer. Ihr habt euch angezogen, gefrühstückt, und dann sind wir auch schon los. Und überhaupt, warum sollte Nele deinen Engel mopsen? Sie hat doch selber einen.«

Jetzt brülle ich aber noch viel, viel brülliger als ein wütendes Gespenst. Jetzt brülle ich so laut wie ein wütender Weihnachtsmann: »Immer, immer bist du auf Neles Seite!«

»Bin ich nicht«, sagt Mama. »Okay, Jule. Wir fragen Nele. Gleich, wenn sie aus dem Kindergarten kommt. Mami holt sie gerade ab. Und bis die beiden hier sind, suchen wir zwei gemeinsam nach deinem Engel. Was meinst du?«

Aber gesucht habe ich schon. Und Nele hat den Engel sowieso. Da spiele ich lieber noch schnell mit Artur. Dort muss ich kein bisschen klingeln, denn in dem Moment, als ich ankomme, geht die Tür auf. »Jule!«, keucht Artur. »Gut, dass du kommst! Ich habe nämlich einen Notfall …«

Was dann kommt, erzählt Artur so mucksmäuschenleise, dass ich meine Ohren so scharf stellen muss wie ein Luchs. Das ist, weil Hanne, also Arturs Mama, auf keinen Fall hören darf, was Artur mir verrät.

»Stell dir vor, Jule«, wispert er. »Ich habe einen Wichtel.«

»Pffff«, mache ich. Denn dass Artur einen Wichtel hat, ist überhaupt nichts Neues und auch kein bisschen geheim.

Der Wichtel heißt Waldemar und zieht immer am 1. Dezember in Arturs Zimmer ein. Er hat eine kleine Wichteltür und eine Wichtelsitzbank, eine Leiter und noch tausend andere Dinge. In der Nacht, wenn alle schlafen, treibt Waldemar Schabernack. Er vertauscht die Schuhe oder bröselt den Boden vor seiner Wichteltür voll. Ganz oft aber macht er auch Großartiges. Er räumt Arturs Spielsachen auf oder bringt Artur ein kleines Geschenk. Manchmal backt er heimlich die allerleckersten Kekse! Und er schreibt Briefe! Diese Briefe lesen Artur und Hanne gemeinsam am nächsten Morgen. Und dann antworten sie.

»Na klar!«, rufe ich darum. »Du hast Waldemar!«

Artur funkelt mich fast ein bisschen genervt an. »Psssst«, macht er und winkt mich in die Wohnung.

 47

Als wir gemeinsam auf dem Sitzsack in seinem Zimmer sitzen, erzählt er mir alles. Und zwar: Gestern Abend hat Artur das Weihnachtsgeschenk eingepackt, das er in der Schule für Hanne gebastelt hat. Doch jetzt, am nächsten Tag, ist das Geschenk …

»… weg!«, hauche ich. »Wie mein Engel. Mein Engel ist auch weg!«

Rasch erkläre ich Artur, was es mit meinem Engel auf sich hat. Und in diesem Moment fällt es mir wie Schuppen von den Augen. »Dann hat meinen Engel überhaupt nicht Nele gemopst, sondern Waldemar.«

»Nein«, entgegnet Artur. »Waldemar ist doch ein lieber Wichtel. Klar, er spielt uns manchmal Streiche. Aber die sind lustig! Das hier war ein böser Wichtel. Ein Wichtel, der Waldemar eins auswischen will.«

Für seinen Verdacht hat Artur Beweise. Denn nicht nur das Geschenk und mein Engel fehlen. Auch Hanne fehlt etwas, und zwar ihre Schlüssel.

Ich kräusele meine Nase. »Drei verschwundene Dinge«, murmele ich. »Drei Dinge, die irgendwo versteckt sind …«

»Versteckt?«, kichert Artur. »Mensch, Jule, wir haben doch nicht Ostern. Wir haben Weihnachten!«

Doch da ist mir plötzlich alles klar.

»Das war ein Osterwichtel! Echt jetzt, Artur!«, rufe ich. Ein Osterwichtel kann gar nicht anders, als Sachen zu verstecken. »Aber weil jetzt Weihnachten ist und nicht Ostern, ist ihm langweilig«, erkläre ich Artur. »Und vielleicht ist er auch ein bisschen eifersüchtig auf Waldemar und all die anderen Wichtel, die es so gemütlich und weihnachtlich haben.«

Als ich das sage, kribbelt es in meinem Bauch. Ein bisschen, weil ich auch so gerne einen Wichtel wie Waldemar hätte. Aber noch viel mehr, weil es plötzlich so spannend ist.

Denn eins weiß ich ganz genau: Der Osterwichtel hat Hannes Schlüssel versteckt. Und Arturs Hanne-Geschenk. Und meinen Engel.

»Wir tun einfach so, als wäre es kein bisschen kurz vor Weihnachten«, schlägt Artur vor. »Wir tun so, als sei Ostern. Denn an Ostern finde ich einfach immer alles. Ich bin der weltbeste Osternestfinder.«

»Pffff«, mache ich. »*Ich* bin die weltbeste Osternestfinderin.«

Plötzlich muss ich grinsen. Denn zwei weltbeste Osternestfinder zusammen sind natürlich unschlagbar.

Bei uns sind die Osternester immer im Innenhof versteckt. Zumindest dann, wenn es nicht regnet. Doch heute stürmt und graupelt und matscht es. Dicke Schneeregenkörner klopfen an die Fensterscheiben. Da will ich kein bisschen raus! Außerdem ist es viel zu kalt und auch schon dämmerig-dunkel.

Artur und ich überlegen darum, wo ein Wichtel Oster-
geschenke DRINNEN verstecken würde. Und das ist …

»… UNTEN DRUNTER!«, jauchzt Artur.

Und das stimmt! Die besten Osterverstecke sind UNTER
dem Schrank, dem Bett oder dem Sofa. Artur springt auf und
rast ins Wohnzimmer. Als ich ihn einhole, liegt er schon di-
rekt vor dem Sofa auf dem Boden und ruft: »Ich habe sie,
ich habe sie!«

Grinsend hält Artur Hannes Schlüssel in der Hand.
Wir johlen und hüpfen im Kreis. Und Hanne johlt
mit, als sie jetzt ins Wohnzimmer kommt und
die Schlüssel sieht.

»Wir sind die allerbesten Osterweihnachtssucher der Welt«, flüstert Artur in mein Ohr.

Hanne flüstert nicht. Sie fragt ganz normal, ob wir einen Kakao wollen. Als Dankeschön.

Aber für Kakao haben die allerbesten Osterweihnachtssucher der Welt und des Universums keine Zeit. Darum schütteln wir nur schnell die Köpfe und sausen zurück in Arturs Zimmer.

Dort müssen wir noch mal neu nachdenken. Arturs Schrank und Bett reichen bis zum Boden, da passt noch nicht einmal ein Wichtelhaar drunter. Und eine Kommode gibt es nicht. Da kann das Hanne-Geschenk also auch nicht sein. Schnell kneife ich meine Augen zu. In Gedanken tue ich so, als wäre ich der Osterwichtel. Ich denke mir eine rote Wichtelmütze auf meinen Kopf und grüne Wichtelschlappen an meine Füße. Wo würde ein Jule-Osterwichtel ein Hanne-Geschenk verstecken?

Natürlich gibt es Versteck-Regeln. Ein Osternest darf man nie sofort finden. Aber es muss auch so versteckt sein, dass man es finden kann, und zwar bevor man keine Lust mehr auf Suchen hat.

Vorsichtig öffne ich meine Augen. »Im Schrank«, sage ich dann. »Dein Hanne-Geschenk liegt im Schrank.«

Aber im Schrank liegt es nicht, da können Artur und ich noch sosehr unter allen Pullis und T-Shirts und Unterhosen

gucken. Meine Augen schweifen zu Arturs Kuschelecke. Plötzlich muss ich so lachen, dass es bis in meine Fingerspitzen gluckst. Denn in der Kuschelecke sitzt, umgeben von Kissen und Tüchern, Arturs Teddybär Toni! Und was hält Toni in den Tatzen? Genau, das Geschenk für Hanne! Das zeigt, dass der Osterwichtel zwar gerne Streiche spielt, aber doch ein lieber Wichtel sein muss. Denn Toni hat auf das Geschenk aufgepasst. Artur und ich grinsen wie zwei Honigkuchenpferde.

Dann muss das Osterwichtel-Verstecke-Aufspürungs-Super-Team sofort zu mir nach Hause. Meinen Engel finden! Ich greife nach Arturs Hand, und Artur versteht ganz ohne weitere Worte, was ich vorhabe. Wir flitzen in den Flur. Und als Artur die Wohnungstür öffnet, steht da … nein, nicht der Osterwichtel. So ein Quatsch! Der wichtelt doch nachts. Das ist ja wohl osterwichtel-oberklar. Vor der Tür steht Nele. Sie hält etwas in der Hand. Das Etwas glitzert und glänzt.

»Mein Engel!«, rufe ich. »Du hast meinen Engel gemopst!«

In mir drin brodelt es. So richtig vulkanausbruch-doll. Und als ich sehe, dass Nele so halb auf den Boden guckt, wie sie es immer macht, wenn sie etwas getan hat, das sie nicht tun soll, sie aber hofft, dass es keinen schlimmen Ärger gibt, werde ich noch wütender.

»Nicht gemopst«, flüstert Nele. »Nur ausgeliehen, Jule. Ganz ehrlich wahr. Mein Engel war so traurig, als ich ihm nach dem Frühstück erzählt habe, dass ich in den Kindergarten muss und er allein zu Hause bleibt. Nur darum habe ich deinen Engel genommen. Weil meiner doch so allein war. Weil doch beide Engel so allein waren.«

»Pah!«, will ich schon machen. Aber dann merke ich, dass sich meine Wut weihnachtswichtelstill davonschleicht. Ich bin auch nicht gerne allein zu Hause.

Ich lächele Nele ein bisschen an. Mein Engel hatte es heute *nicht* engel-allein-langweilig. Das ist doch gut. Und gut ist auch, dass Mama uns die Tür aufmacht. Mit Schürze um. Das bedeutet, dass es jetzt losgeht mit dem Plätzchen backen. Das ist natürlich weihnachtswunderbar.

Was wohl der Osterwichtel macht, während wir backen? Nun, ich denke, er schläft. Bei Artur und Hanne in der Sofaritze. Vielleicht ist er aber auch schon weitergezogen in ein anderes Haus, wo er in der kommenden Nacht Weihnachtsgeschenke osterverstecken wird. Oder er kommt zu uns. Wenn Mama nicht guckt, werde ich gleich ein bisschen Teig auf den Boden fallen lassen. Denn falls der Osterwichtel kein bisschen das Haus, sondern nur die Wohnung wechselt, braucht er natürlich was zu naschen. Das ist ja wohl klar.

4.
Die verzauberten Weihnachtsplätzchen

Weihnachten fällt aus. Ehrlich wahr. Und weihnachtswunderbar war es gestern überhaupt nicht mehr. Ganz im Gegenteil. Es war unweihnachtlich-überhaupt-kein-Wunder-oberblöd. Wir haben auch kein bisschen Plätzchen gebacken. Und das kam so: Nachdem Mami Nele vom Kindergarten abgeholt und zu uns nach Hause gebracht hatte, musste sie noch mal los, tausend Sachen im Supermarkt fürs Abendessen kaufen. Milch und Brot, Käse und Paprika. Beim Nachhausekommen hat sie Fritzi, den Hund, vor der Haustür getroffen. Herr Nowak war auch da. Als Mami Hallo sagen wollte, ist sie ausgerutscht und hingefallen. Der Gehweg vor unserem Haus war nach dem Schneeregen nämlich kein Gehweg mehr. Er war ein Eisweg. Aber nicht aus Vanille oder Schoko oder Erdbeere. Sondern ganz glänzig und glatt und gefährlich.

Das konnten ich und Nele und Mama und Artur natürlich nicht wissen. Wir waren in der Küche. Ja, Artur durfte auch mitbacken! Mama hat die rote Schüssel aus dem Schrank geholt. Ich die Waage. Artur hat Nele eine Schleife in die Schürze geknotet. Und genau in dem Moment hat Herr Nowak geklingelt. Wir haben sofort unsere Schuhe angezogen und sind nach unten gestürmt. Mami lag immer noch auf dem Gehweg. Sie hat gestöhnt und geseufzt und an ihrem Knöchel war ein Tennisball. Nicht geflunkert! Okay, es war kein echter Tennisball. Aber es hat ausgesehen wie ein Tennisball. So dick war ihr Knöchel angeschwollen.

»Das muss sich eine Ärztin oder ein Arzt angucken«, hat Mama bestimmt.

Ich, Artur, Nele und Herr Nowak haben genickt.

Vorsichtig hat Mama Mami aufgeholfen. Das war gar nicht so einfach. Weil es ja immer noch so glatt war und weil Mamis Fuß so wehgetan hat. Aber dann hat es doch geklappt. Wie ein Flamingo stand Mami auf einem Bein. Mama musste sie dolle stützen. Dann hat Mama ein Taxi angerufen. Und dann Hanne. Hanne sollte auf uns aufpassen, solange Mama und Mami im Krankenhaus waren. Was sie auch gemacht hat. Aber ohne Plätzchenbacken. Sie musste nämlich noch arbeiten. Darum ist das Plätzchenbacken ausgefallen.

Und jetzt fällt auch noch Weihnachten aus! Wir sitzen am Frühstückstisch. Also Mama, Nele und ich. Mami schläft noch. Sie ist vom vielen Warten und Untersuchen und Sich-wehtun nämlich sehr müde. Außerdem muss sie mit ihrem Kaputt-Fuß natürlich nicht arbeiten. Mama aber schon. Und Nele und ich müssen heute auch noch einmal in den Kindergarten und in die Schule. Und jetzt kommt's.

Aus Mamis Tennisball-Knöchel ist im Krankenhaus ein Roboterbein geworden.

»Mami hat nun eine Schiene«, erklärt Mama. »Das ist, weil ein Band gerissen ist. Der Fuß muss ganz, ganz ruhig bleiben, sodass das Band wieder zusammenwachsen kann.«

Nele und ich nicken. Das ist klar, dass Mamis Fuß viel Ruhe braucht.

Doch Mama zieht beide Augenbrauen nach oben. Dann seufzt sie tief.

Mein Bauch weiß schon, dass jetzt was Fieses kommt. Es pikst plötzlich ganz doll in mir drin.

»Es tut mir so leid, ihr beiden. Wir müssen leider unseren Weihnachtsbesuch bei Nonna und Nonno absagen. So kann Mami nicht verreisen.«

»Dann kommen Nonna und Nonno zu uns«, sage ich schnell.

Nele nickt. Sprechen kann sie nicht. Ihr Mund ist voller Müsli. Doch dann mampftredet sie doch: »Genau. Dann kommen Nonna und Nonno zu uns!«

Aber ich weiß sowieso schon, dass das nicht geht. Und Mama schüttelt auch den Kopf. »Das geht leider nicht so einfach. Das wisst ihr doch.«

Ich seufze. Ja, das wissen wir. Nonno hat einen Rollstuhl. Nur ganz, ganz kurze Strecken kann er noch laufen. Und mit dem Zug zu verreisen fällt ihm sehr schwer.

»Wir machen es uns hier bei uns schön!«, sagt Mama. »Auch ohne Oma und Opa.«

Nele steht auf. Und brüllt los. Sie brüllt und brüllt. Sie brüllt so laut, dass sie damit wohl Mami aufgeweckt hat. Zumindest humpelt die jetzt in die Küche. Ihre Krücken lehnt sie an den Tisch und nimmt Nele in den Arm. Sofort hört Nele auf mit Brüllen. In meinem Kopf weiß ich, dass Nonno ganz in echt nicht verreisen kann. Und Mami auch nicht. Aber mein Bauch und mein Herz und auch sonst alles in mir drin ist so, so traurig, dass es trauriger kein bisschen geht.

Mama guckt Mami an. Und Mami guckt Mama an.

»Wir holen die Feierei mit Nonna und Nonno nach«, sagen sie wie aus einem Mund.

Wenn so etwas passiert, müssen wir immer lachen. Aber heute lacht keine von uns.

Es ist ja auch blöde. Weihnachten nachfeiern! Das geht doch gar nicht. Weihnachten ist Weihnachten. Und zwar nur *an* Weihnachten. Mama guckt traurig und Mami stöhnt und fasst an ihren Roboterfuß. Dann muss Mama los. Arbeiten. Und ich muss auch los. Traurig sein. In meinem Zimmer. Da können Mama und Mami noch sosehr die allerbesten

Tröste-Mamas der Welt sein. Manchmal geht traurig sein nur allein. Als ich aber gerade vom Frühstückstisch aufstehe, klatscht Mami in die Hände und ruft: »Heute ist ja letzter Schultag. Und letzter Kindergartentag. Das bedeutet: Ihr seid fast schon wieder da, kaum, dass ihr aus der Tür raus seid. Und dann backen wir Plätzchen. Na, wie klingt das?«

Ich finde, dass das gut klingt. Und das sage ich auch. Nele nickt. Und viel mehr Zeit zum Denken und Fühlen haben wir sowieso nicht. Denn dann müssen wir auch schon Schuhe und Jacken anziehen.

Mami hatte recht: Der letzte Tag vor den Ferien geht wie im Flug vorbei. Doch eins hat sie kein bisschen bedacht. Sie kann doch nur liegen und liegen und noch viel mehr liegen. Aber zum Backen muss man in der Küche stehen! Als wir nach Hause kommen, laufen Nele und ich gleich ins Wohnzimmer. Tatsächlich sagt Mami: »Ich kann nicht aufstehen.« Nele macht große, ganz erschrockene Augen. Als hätte sie ein Monster gesehen. Oder doch mindestens einen Bären. Das kenne ich schon. Gleich weint sie.

Doch bevor auch in meinem Bauch die Bauch-Klumpen zu einem Bauch-Gebirge werden können, erklärt sie: »Ich spiele heute Königin. Und als echte Königin gebe ich euch die Befehle. Und zwar vom Sofa aus. Wie eine Sofa-Königin eben.«

Nele hüpft vor Freude auf und ab. Aber mir fällt noch was ein.

»Und Artur?«, frage ich. Artur war gestern immerhin auch dabei. Beim Beinahe-und-dann-doch-nicht-Backen.

Mami guckt auf die Uhr. »Na, flitz schon«, erlaubt sie dann.

Also sause ich los. Nele saust auch. Aber eins runter. Denn Rine soll auch mitmachen.

Ganz anders als sonst fängt das Backen nicht in der Küche an. Sondern im Wohnzimmer. Der Roboterfuß von Sofa-Königin Mami liegt auf einem Kissenberg. Nun liest Mami uns das Rezept einmal ganz vor. Dann gehen wir es Schritt für Schritt mit ihr durch. Jetzt ist es gut, dass Artur so ein Schweiger ist. Er hört so gut zu wie ein Luchs, während Nele und Rine dauernd plappern und kichern.

»Schsch«, mache ich und merke, wie es in mir blubbert. Aber die Wut kommt nicht raus. Denn jetzt sind Rine und Nele still, und ich werde fröhlich und immer noch fröhlicher. Denn das, was Mami erklärt, ist total einfach. Weil ich es sowieso schon tausend und fünf Millionen Mal gemacht habe. Ich kann backen. Das kann ich ganz allein.

In der Küche müssen wir zuerst Mehl abwiegen. 200 Gramm.

»Das Mehl kommt in die rote Schüssel«, ruft Sofa-Mami aus dem Wohnzimmer. Und dann noch: »Jule, weißt du, wo die Waage steht?«

Pfffft! Was für eine Frage. »Jaaaahaaaa!«, rufe ich und rolle ein bisschen meine Augen. Ich kann die so rollen, dass sie beinahe ganz weg sind. Mami schimpft dann immer, aber heute sieht sie es ja nicht. Artur, Nele und Rine lachen.

Aber jetzt muss ich mich konzentrieren. Als Küchenchefin bin ich für das Wiegen verantwortlich. Tatsächlich ist es das Allerallerschwierigste, was beim Backen zu tun ist. Sonst macht es darum immer Mami. Oder Mama.

»Der Trick ist«, sage ich und gucke Artur an, »erst wenn die mehl-leere Schüssel auf der Waage steht, darf ich die Waage einschalten. Und erst wenn die Waage eingeschaltet ist, darf das Mehl in die Schüssel.«

»Hä?«, sagt Rine.

Aber Artur nickt. Vorsichtig stelle ich die Schüssel

auf die Waage. Vorsichtig drücke ich auf den Einschalter. Das Display zeigt eine Null.

»Artur, jetzt das Mehl«, bestimme ich.

Zack, öffnet Artur die Mehlpackung. Plötzlich sieht es um uns rum aus, als hätte es geschneit. Aber es ist ja beinahe schon Weihnachten, da passt das natürlich weihnachtswunderbar.

»Und jetzt der Zucker?«, rufe ich in Richtung königliches Sofa-Schloss.

»Und jetzt der Zucker«, kommt es wie ein Echo aus dem Wohnzimmer. »100 Gramm. Zucker ist im Schrank. In der Box mit dem Z drauf.«

Ich verdrehe noch mal die Augen. Mami wieder!

Artur reicht mir die Box aus dem hohen Küchenschrank.

»Wie viel Zucker?«, frage ich.

Rine zuckt mit den Schultern.

»100 Millionen Zucker«, sagt Nele.

»100 Gramm«, erklärt Artur.

»Mami, wie viel Zucker?«, rufe ich.

»100 Gramm«, ruft Mami.

»Sag ich doch!«, motzt Artur.

»Sag ich doch auch!«, behauptet Nele.

Ich hole eine zweite Schüssel und lasse den Zucker hinein-rieseln. Die Zahlen auf der Waage tanzen. 112 flimmert jetzt auf dem Display.

»Wie die Feuerwehr!«, ruft Rine.

Und das stimmt. Doch als die Waage sich beruhigt hat, steht ruckzuck die 100 da.

»Wie die Polizei«, behauptet Nele.

»Pfffft!«, macht Artur. »Die Polizei ist doch die 110!«

»Ist doch jetzt auch egal«, sage ich. Der Zucker muss in die Mehl-Schüssel. Und in das Mehl-Zucker-Gemisch kommt ein Ei, das weiß ich schon alleine, auch ohne dass Mami das jetzt aus dem Wohnzimmer ruft. Nele öffnet den Kühlschrank. Sie holt den Eierkarton raus und stellt ihn neben die Zucker-Box. Genau in dem Moment sehe ich es: Auf der Zucker-Box prangt ein Z. Z wie Zucker. Aber das Z steht ganz am Ende. Und vor dem Z stehen noch drei weitere Buchstaben. Nämlich S, A und L.

»S – A – L – Z«, lese ich laut vor. Oh nein! Die weißen Glitzerkristalle, die nun schon im Mehl baden, sind …

»Salz!«, rufen Artur und ich wie aus einem Mund.

»Hol das sofort wieder raus!«, brüllt Nele.

Und das versuche ich auch. Mit einem Löffel. Aber es geht kein bisschen.

»Lass mich mal.« Artur schiebt mich weg. Aber auch bei Artur ist alles ein einziger Mischmasch.

»Und jetzt?«, fragt Rine. »Was machen wir denn jetzt?«

»Nichts mehr«, erklärt Artur. »Jetzt machen wir gar nichts mehr.«

Ich wünschte, Artur wäre jetzt ein Schweiger. Aber es stimmt ja. Jetzt machen wir keine Plätzchen mehr. Denn in der Schüssel ist ein salziger Mischmasch. Und in mir drin ist auch ein Mischmasch. Und salzig wird es gleich auch. Ich schlucke und blinzele, um die Tränen aufzuhalten. Wir brauchen eine Salz-Mehl-Trennung. Sofort!

»Maaaaamiiiiiii!«, kreischt Nele und rennt ins Wohnzimmer. Gerade eben war es noch lustig und aufregend, dass Mami Befehle gibt. Jetzt aber ist es nur noch blöder als blöd. Wenn Mami uns in der Küche geholfen hätte, wäre das niemals und nie passiert! Eigentlich ist also Mami schuld. Rine, Artur und ich gucken uns an. Dann gehen wir los. Wir rennen nicht. Wir schleichen. Weil man nur noch schleichen kann,

wenn man merkt: Ich kann kein bisschen alles. Und vielleicht bin auch ich ein klitzebisschen mit schuld. Immerhin war ich die Küchenchefin.

Nele hat Mami sowieso schon alles erzählt, als wir im Wohnzimmer ankommen. Das weiß ich, weil Mami Nele krault-kuschelt. Sie hat beide Arme um sie gelegt und ihre Hände streicheln über ihren Rücken und über ihren Kopf. Als Mami mich sieht, löst sie einen Arm von Nele und nickt mir zu. Schnell kuschele ich mich in die Mami-Höhle. Ich rieche den Mami-Duft. Ich spüre die Mami-Weichheit. Und dann sehe ich auch was. Mamis Augen blitzen! Das kann nur eins bedeuten.

»Ich habe eine Idee«, sagt Mami.

Artur runzelt die Stirn. Und tatsächlich erklärt Mami: »Es ist leider so: Das Salz und das Mehl können wir nicht mehr trennen. Aber ich weiß was. Eigentlich sind es sogar zwei

Ideen. Und ihr dürft entscheiden, welche ihr besser findet. Na, wie klingt das?«

»Vielleicht ganz gut?«, sagt Rine. Ich und Artur und Nele nicken.

»Also«, sagt Mami. »Ihr könnt das Mehl-Salz-Gemisch in den Mülleimer kippen und nochmals von vorne anfangen.«

»Aber mit Zucker und nicht mit Salz!«, sagt Artur.

»Das will ich, das will ich!«, ruft Nele.

»Oder ihr backt einfach weiter. Mit dem Mehl-Salz-Gemisch«, erklärt Mami weiter. »Das werden dann keine Ess-Plätzchen, aber sehr, sehr coole Bastel-Plätzchen.«

»Bastel-Plätzchen?«, staune ich. Das habe ich noch nie gehört. Und Nele, Rine und Artur wohl auch nicht, denn sie machen ganz große Augen und sagen nichts.

»Bastel-Plätzchen sind Salzteig-Plätzchen«, weiß Mami.

»Die kenne ich!«, ruft Rine. »Die habe ich schon mit Mama gemacht!«

Pfffft! Salzteig-Plätzchen kenne ich natürlich auch. Aber ich will keine Bastel-Plätzchen. Ich will Ess-Plätzchen. Mit Salzteig ist es überhaupt kein echtes Backen. Man kann nicht mal vom Teig naschen.

Doch da sagt Mami: »Bastel-Plätzchen sind auch Zauber-Plätzchen. Ihr könnt Weihnachtsglückskugeln backen mit kleinen Botschaften innen drin, die ihr selber malt oder schreibt. Ein bisschen so wie Glückskekse.«

Jetzt tippt sie auf ihrem Handy. Dann hält sie uns das Display hin. Was wir sehen, ist so schön, dass mein Herz hüpft. Es gibt Zauber-Weihnachtskugeln und Sterne und Tannenbäume und Engel. Plötzlich muss ich kein bisschen mehr überlegen. Und außerdem ist Wegwerfen eh blöde.

»Bastel-Plätzchen!«, rufe ich.

»Zauber-Plätzchen«, rufen Rine und Nele gleichzeitig.

Artur nickt. Er ist schon wieder der Schweiger. Aber damit ist es eh abgemacht.

Und dann legen wir auch schon wieder los.

Zuerst kommt noch Wasser in die Mische-Masche. Dann kneten wir. Und kneten und kneten. Und dann ist der Teig endlich fertig. Aber wir rollen ihn nicht aus. Denn eins fehlt ja noch. Nele holt buntes Papier. Ich hole Scheren und Stifte. Dann schneiden wir winzige Zettel aus.

»Auf meinen Zettel kommt ein Stern!«, sagt Nele.

»Ich male einen Weihnachtsbaum!«, erklärt Rine.

Artur und ich malen nichts. Wir schreiben lieber. »Froe Weinachten« und »Ich hab dich lip« und »Weinachtsgrus«. Dann malen wir alle noch Herzen und Lachgesichter. Und plötzlich weiß ich noch was. Eins, zwei, drei, vier Beine abgezählt. Und einen Schwanz. Und eine Schnauze. Das ist natürlich ein Hund.

»Den kriegt Herr Nowak«, bestimme ich. Denn, genau,

auch Herr Nowak und Fritzi sollen ein Zauberplätzchen bekommen. Und wer weiß, vielleicht verstärkt ein Zauberplätzchen einen Wunschzettel-Wunsch sowieso noch?

»Alle, die bei uns im Haus wohnen, sollen ein Zauberplätzchen kriegen!«, ruft Rine. Ich nicke. Das finde ich gut. Also malen und schreiben, schreiben und malen wir weiter.

Als wir gerade zurück in die Küche flitzen, klingelt es. Eins, zwei, drei, vier, abgezählt! Das ist Hanne, die manchmal Artur und meinen Geheim-Klingel-Code benutzt. Tatsächlich ist es ziemlich gut, dass Hanne erst im Flur, dann bei Mami im Wohnzimmer und am Ende mit uns in der Küche steht. Als wir nämlich den Teig ausrollen wollen, klebt und reißt er. Hanne zeigt uns, wie er mit ein bisschen Mehl kein bisschen mehr reißt. Und sie zeigt uns, wie wir Glückskugeln-Zauberkekse ausstechen und falten können.

»Verzauberte Weihnachtswunsch-Kugel-Eier«, lacht Nele.

Ich gucke Artur an und Artur guckt mich an. Weihnachts-eier? Na, wenn da mal nicht der Osterwichtel seine Finger im Spiel hatte! Und wer weiß, vielleicht war es auch der Os-terwichtel, der die Salz-Box so in den Schrank gestellt hat, dass Artur kein bisschen anders konnte, als danach zu grei-fen? Ob mit oder ohne Osterwichtel, eins ist sowieso klar: Ess-Plätzchen haben alle. Verzauberte Weihnachtswunsch-Kugel-Eier aber haben nur wir.

Als Hanne endlich alle Wünsche um-kugelt hat, ist noch Teig übrig. Und zwar richtig, richtig viel! So ein Glück. Ar-tur, Nele, Rine und ich stechen Herzen und Tannenbäume und Engel und Sterne aus. Als sie schon auf dem Back-blech liegen, kommt in alle noch ein Loch. Durch das Loch kommt später, wenn sie fertig gebacken sind, eine Schnur. Dann können wir sie zum Beispiel an den Weihnachtsbaum hängen. Aus dem letzten Teigrest forme ich vorsichtig eine Mini-Schüssel. »Für den Osterwichtel«, flüstere ich Artur ins Ohr. »Er soll auch ein Weihnachtsgeschenk haben.«

Dann kommen alle Zauber-Plätzchen und Weihnachts-Eier und das Osterwichtelgeschenk in den Backofen.

5.
Das allerbeste Weihnachtsbaby

MITTWOCH, 23. DEZEMBER

Ich liege in meinem Bett, doch ich schlafe nicht. Etwas hat mich geweckt. Das Etwas ist ziemlich laut. Ich höre Rines Lachen. Vor meiner Zimmertür! Nun liege ich kein bisschen mehr. Ich sitze in meinem Bett. Wie kann es sein, dass Rine bei uns ist? Ich bin noch kein bisschen aufgestanden. Und Mami und Mama erlauben niemals und nie Vor-dem-Früh-stück-Besuch. Also bei mir. Denn plötzlich ist mir alles klar. Bei Nele haben sie es ganz bestimmt erlaubt! Oder … noch oberfieser als oberfies … Nele ist schon seit tausend Jah-ren wach und aufgestanden und alle, alle haben schon ge-frühstückt! Ohne mich! Ich springe so schnell auf, dass sich meine Beine in meiner Bettdecke verheddern. Dann plump-se ich so halb auf den Boden. Doch im nächsten Moment bin ich schon wieder auf den Beinen. Zack, reiße ich die Tür auf. Und mache große Augen.

Im Flur stehen Mama und Mami. Das ist natürlich nichts Ungewöhnliches. Die wohnen ja hier.

Aber heute haben sie ihre Schlafanzüge an und total ver-
wuschelte Haare. Und Rine ist auch im Schlafanzug! Der
Einzige, der angezogen ist, ist Marik. Marik ist Rines Bohn-
Nuss-Papa. Das ist aber kein Igitt-Essen. Also, nee. Stopp.
Na klar ist es ein Igitt-Essen – wenn man es essen müsste.
Wer isst schon Bohnen! Und dann auch noch Bohnen und
Nüsse durcheinandergemischt! Da kriege ich ja schon eine
Gänsehaut im Mund und im Bauch beim nur Drandenken.
Tatsächlich bedeutet Bohn-Nuss aber auch »extra« oder
»zusätzlich«. Marik ist also Rines Extra-
Papa. Rines Eltern haben sich nämlich
getrennt, als Rine noch nicht einmal
geboren war. Und seit ganz lang
schon wohnen Rine, Rines Mama

Isabel und Marik in der Wohnung unter uns. Rine sagt Marik zu Marik und nicht Bohn-Nuss.

Als ich Marik mit Jacke und Stiefel bei uns im Flur stehen sehe, weiß ich es sofort.

»Das Baby kommt!«, rufe ich.

»Pssssst, Jule«, macht Mama.

»Oh, hallo Jule«, sagt Mami.

»Jule!«, ruft Rine

»Genau, Jule«, erklärt Marik. »Das Baby kommt.«

Weil aber alle gleichzeitig reden, hört es sich an wie pssst-oh-Ju-Ge-Ba-kommt. Jetzt müssen wir alle kichern. Bis diesmal Mami »pssssst« macht.

»Es ist mitten in der Nacht«, erklärt sie mir mit ganz leiser Flüsterstimme. »Nele schläft. Und dich wollten wir eigentlich auch nicht aufwecken.«

Nun verabschiedet sich Marik. Auch mit ganz leiser Flüsterstimme.

»Bis morgen, Rine«, sagt er. »Und wenn ich wiederkomme, dann bist du schon große Schwester. Ist das nicht toll?«

Und ob das toll ist! Ich spüre, wie alles in mir kribbelt. Denn auch wenn ich schon eine große Schwester bin, ist es doch ein bisschen so, als würde das neue Baby auch zu mir gehören. Und darum schüttele ich ganz schnell den Kopf, als Mama zuerst die Tür hinter Marik schließt und dann sagt: »Na, dann mal ab mit euch ins Bett.«

»Nein«, sage ich und greife nach Rines Hand. »Ich bin so aufgeregt und wach und kein bisschen müde …«

Tatsächlich dürfen Rine und ich noch aufbleiben. Nur Mami krück-humpelt mit ihrem Roboterbein und den zwei Krücken wieder ins Schlafzimmer. Mama macht uns zwei Tassen warme Milch in der Küche. Auch in mir drin ist es ganz warm. Gut fühlt sich das an. Und spannend.

»Habt ihr noch Fragen?«, will Mama von uns wissen.

»Wann ist das Baby da?«, platze ich raus.

Mama legt den Kopf schief. »Hm, das weiß ich nicht. Eine Geburt kann ganz flott gehen. Oder einen Tag oder länger dauern.«

Rine reißt die Augen auf. »Aber Marik hat doch gesagt, dass er morgen wieder da ist! Morgen Abend ist doch schon Weihnachten!«

Mama schüttelt den Kopf. »Es ist ja noch mitten in der Nacht. Und wenn ihr morgen aufwacht, ist es einen Tag vor Weihnachten. Weihnachten ist erst übermorgen.«

»Und übermorgen ist das Baby sowieso da«, sagt Rine.

Und dann gähnt Rine. Und da gähne ich auch.

Mama holt die Klappmatratze aus dem Keller in mein Zimmer. Obendrauf kommen ein Schlafsack und ganz viele Kissen. Ganz gemütlich sieht das aus. Fast ist es so, als wäre mein Kinderzimmerboden in den Urlaub gefahren.

»Ich will auch wie im Urlaub schlafen«, bestimme ich.

Kurzerhand hievt Mama meine Matratze aus dem Bett und legt sie neben Rines auf den Boden. Jetzt haben wir ein echtes Matratzenlager!

»Hey, was soll das denn?« Als ich aufwache, klebt an meiner Nase eine Monsternase. Sie ist riesengroß, aber ohne Warzen und Pickel. Die Monsternase gehört, na klar, Nele. Neles Nasenspitze berührt meine Nasenspitze. Deshalb sieht sie monsternasenriesengroß aus.

»Lass das, Nele«, maule ich.

Da lässt sich die Nase neben mich plumpsen. »Endlich bist du wach!«, erklärt Nele. »Ich warte schon seit tausend Stunden!«

»Ist das Baby schon da?«, frage ich.

»Was? Das Baby ist schon da?«, ruft Rine und setzt sich auf der Klappmatratze auf.

»Nee«, sagt Nele. »Aber Kakao ist da. Und heute Nacht schlafe ich sowieso auch bei euch auf dem Boden. Und wenn du mich das nächste Mal nicht weckst, Jule, wenn Rine zu uns kommt, dann …«

Aber Nele fällt nichts Gemeines ein, was sie dann machen wird. Außerdem bin ich schon halb in der Küche.

»Guten Morgen!«, sagt Mama. »Na, habt ihr gut geschlafen?«

Rine und ich nicken. Dann quetschen wir uns zu dritt auf die Eckbank.

Mama hat eine gute Idee. »Ich gehe nach dem Frühstück unseren Weihnachtsbaum kaufen. Wollt ihr mitkommen?«, fragt sie.

»Ja!«, rufen Nele, Rine und ich so laut, dass der Kakao in unseren Tassen wackelt. Weihnachtsbaumkaufen ist so weihnachtsschön!

»Na, dann holt gleich mal den Buggy aus dem Keller«, lacht Mama.

»Den Buggy?«, fragt Rine und reißt die Augen auf. »Ist das Baby doch schon da?«

»Nee!«, erklärt Nele. »Der Buggy ist doch für den Weihnachtsbaum!«

Und das stimmt. Denn der Weihnachtsbaumverkauf ist ganz nah. Da kann man prima hinlaufen. Aber prima zurücklaufen kann man mit einem Weihnachtsbaum natürlich nicht. Der ist nämlich schwerer als schwer. Darum darf der Baum im Buggy sitzen, und Nele und ich schieben.

Aber heute ist alles anders. Kaum haben wir den allerschönsten Baum ausgesucht und bezahlt, greift Rine, zack!, *beide* Buggy-Griffe.

»Ich schiebe«, bestimmt sie und schiebt los.

»Nein, ich schiebe!«, ruft Nele und drängelt sich zwischen Rine und den Buggy.

»Ich schiebe!«, schreit Rine und drängelt zurück. »Ich muss das üben. Als Schwester muss ich das Baby schieben und schieben und schieben.«

»Ich schiebe das Baby auch!«, quäkt Nele. »Ich muss das auch üben!«

Plötzlich drängelt Nele so sehr gegen Rine, dass Rine einen Griff loslässt. Schnell schnappe ich danach.

»Ich habe schon Nele geschoben!«, erkläre ich. »Ich zeige euch, wie es geht!«

Mama schnaubt. Es klingt wie ein Pferd. Aber nicht wie ein liebes Pferd. Sondern wie ein Pferd, das ganz dolle mit den Hufen scharrt. Dann, flitsch, flitzen auch noch ihre Augenbrauen nach oben. Alarmstufe Feuerrot!

»Ich kann das auch«, sagt Mama. »Ich kann das sogar supergut, und vielleicht schiebe einfach ich den Weihnachtsbaum, wenn ihr euch nur streitet?«

Als wir alle drei loslassen, bestimmt sie: »Wir machen es so: Ihr wechselt euch ab. Jede darf mal schieben. Immer schön der Reihe nach. Rine, wie weit kannst du denn zählen?«

»Bis dreiundzwanzig«, verrät Rine.

»Das ist doch eine prima Zahl«, freut sich Mama. »Dann zählen die, die nicht schieben, gemeinsam bis dreiundzwanzig. Und dann noch einmal bis dreiundzwanzig. Und dann wird gewechselt.«

So machen wir es aber *nicht*. Wir zählen natürlich *alle* bis dreiundzwanzig. Auch, wenn wir den Buggy schieben. Und das macht richtig Spaß!

Dann sind wir auch schon zu Hause. Herr Nowak trägt gemeinsam mit Mama den Baum in den Aufzug und von da in unsere Wohnung. Rine hat noch kein bisschen die Schuhe aus, da ruft sie auch schon: »Ist das Baby schon da?«

»Nein!«, antwortet Mami aus dem Wohnzimmer.

Der Karton mit dem Baumschmuck steht neben dem Sofa.

Doch jetzt gibt es erst mal ein ziemliches Gemotze. Denn als Mama den Baum in den Baumständer stellt, spielt Mami Königin und gibt Mama Befehle.

»Mehr nach links, Karoline. Nee, das andere Links. Jetzt mehr nach rechts. Nee, der Baum ist immer noch schief!«

Mama schnaubt schon wieder pferdelaut. Da packe ich schnell mit an. Ich halte den Stamm und Mama dreht und wackelt am Baumständer. Plötzlich fühle ich mich selber wie ein Weihnachtsbaum. So ganz glitzernd und glänzend und feierlich. Und ganz glitzernd und glänzend und feierlich schmücken wir nun endlich den Baum.

Als wir fertig sind, fehlt nur noch eins. Das sind natürlich die Zauberplätzchen, die wir gestern gebacken haben. Ein Glück ist Artur nicht nur ein Schweiger. Er ist auch ein Gedankenleser. Denn in dem Moment klingelt es – eins, zwei, drei, vier, abgezählt! – an der Wohnungstür. Wenig später sitzen wir in der Küche und bemalen die Zauberplätzchen. Plötzlich hat Rine noch eine Idee.

»Ich habe klebende Glitzersterne«, erklärt sie. »Soll ich die schnell holen? Die können wir auf die Plätzchen kleben.«

»Oh ja!«, ruft Nele. Mama drückt Rine den Wohnungsschlüssel in die Hand.

Nele und Artur und ich gehen mit. Und dann ist plötzlich alles ganz und gar schrecklich. So schrecklich, dass ich den schrecklichen Schreck bis in meine Zehenspitzen spüre. Wir stehen im Wohnzimmer, wo Rine in einer Schublade nach den Glitzer-Klebesternen sucht.

»Habt ihr denn keinen Weihnachtsbaum?«, nuschelt Nele.

Aber nicht nur ein Weihnachtsbaum fehlt in Rines Wohnung. Es fehlt alles. Und es liegt alles. Es liegt alles rum. Rines Lego und ihre Kuscheltiere, eine Sofadecke und tausend Kissen. Auf dem Esstisch stehen Becher und Gläser. Mitten im Raum steht ein Wäscheständer, an dem Wäsche baumelt. Das ist natürlich ganz normal. Aber nicht an Weihnachten! Ein unaufgeräumtes Weihnachten, das geht nicht.

Neles Augen werden groß und immer größer. »Das ist das schrecklichste Weihnachten überhaupt!«

»Psssst!«, mache ich und stupse Nele mit meinem Ellbogen. Aber es ist schon zu spät.

Denn nun guckt sich auch Rine um. »Oh nein!«, sagt sie. »Marik hat mir versprochen, dass wir einen Weihnachtsbaum kaufen. Und alles weihnachtsschön machen!«

»Na ja«, murmele ich. »Maria und Josef hatten auch kei-

nen Weihnachtsbaum. Also damals, im Stall. So steht es in meinem Weihnachtsbuch.«

»Aber Maria und Josef hatten einen Stern«, erklärt Artur.

Und das stimmt. Den hatten Maria und Josef wirklich.

Und weihnachtsschön-ordentlich war der Stall doch sicherlich auch. Immerhin bekamen sie Besuch. Es kamen Hirten und Engel.

Wenn man Weihnachten feiert, muss es fein sein. Es muss glitzern und glänzen und kerzenlichtflackern. Und in einem drin hüpft es nur so vor Weihnachtsglück. Plötzlich weiß ich es.

»Wir machen das«, sage ich. »Wir machen es bei euch weihnachtsfein. Und zwar ganz allein!«

»Das reimt sich!«, ruft Nele.

»Und was sich reimt, ist gut«, erklärt Artur.

Rine sagt nichts. Aber sie lächelt. Zuerst nur ein bisschen, dann über das ganze Gesicht.

Weil wir alle anpacken und mitmachen, geht aufräumen so schnell, dass Nele kein bisschen jammert, weil sie aufräumen muss. Und noch etwas ist anders. Obwohl ich aufräumen auch kein bisschen leiden kann, macht es bei Rine zu Hause sogar Spaß! Endlich sind alle Spielsachen in Rines Zimmer. Die Kissen liegen auf dem Sofa. Die Decke auch. Rine und Nele legen die getrocknete Wäsche in einen Korb. Artur und ich räumen den Tisch ab. Jetzt fehlt nur noch eine Tischdecke.

Rine schüttelt den Kopf. »Ich weiß nicht, wo die Tischdecken sind.«

Doch bevor wir lossuchen können, hat sie eine Idee.

»Oh ja!«, ruft Nele. »Das machen wir!«

Zack, holen wir Rines Bettdecke und ziehen sie aus. Der Bezug ist weich und blau und voller Sterne. Mein Bauch kribbelt, so schön sieht es aus, als unsere Tischdecke auf dem Tisch liegt. Dann wird es sogar noch schöner. Rine kramt Kerzenständer und Kerzen aus einem Schrank.

»An die Fenster könnten wir noch Zauberplätzchen hängen«, überlege ich.

»Oder Papiersterne«, sagt Rine. »Wir haben Papiersterne im Kindergarten gebastelt.«

Wir kleben die Sterne mit durchsichtigen Klebestreifen an das Fensterglas.

»Gut sieht das aus«, sagt Rine. »Richtig gut.«

»Nee«, sagt Nele. »Nicht gut. Weihnachtssuper!« Und das stimmt.

»Jetzt brauchen wir nur noch einen Weihnachtsbaum«, überlege ich.

»Wir malen einen Baum«, ruft Nele.

Aber das ist natürlich Quatsch, denn ein Blatt Papier ist winzig klein, und ein Baum riesenbaumgroß.

»Und wenn wir millionentausend Blätter aneinanderkleben?«, schlägt Rine vor.

»Aber dann liegt der Baum doch auf dem Boden«, erklärt Artur. »Willst du etwa einen Liegebaum?« Einen Liegebaum will Rine natürlich nicht. Das ist ja klar.

»Wir hängen die Zauberplätzchen an den Wäscheständer!«, ruft Nele.

Zack, flitze ich nach oben. Zack, hängen ein paar Zauberplätzchen am Wäscheständer.

Rine verzieht ihren Mund. Da entdecke ich die Lösung. Die Sofadecke! Sie ist ganz herrlich grün. Baumgrün! Schnell ziehe ich sie über den Wäscheständer.

»Geht auch eine Weihnachtshöhle?«, frage ich. Nun schüttelt Rine dolle den Kopf.

Artur hüpft plötzlich auf und ab. Wie ein Flummi. Das ist, weil er so aufgeregt ist.

»Tannenzweige!«, ruft er. »Wir brauchen Tannenzweige! Und aus den Tannenzweigen bauen wir dann einen Petersson-und-Findus-Baum!«

Rine klatscht in die Hände. Ich und Nele finden das auch super. In einer Geschichte haben auch Petersson und sein Kater Findus keinen Weihnachtsbaum. Sie basteln darum einen. Aus einem Holzstab und aus Tannenzweigen.

Rine holt einen Besen. Das wird der Stab. Aber woher sollen wir jetzt Tannenzweige bekommen?

»Können wir von eurem Weihnachtsbaum welche ab-schneiden?«, fragt Rine.

Nele guckt, als hätte sie einen Dinosaurier gesehen. Ganz erschrocken.

»Nee«, sage ich schnell. »Das geht nicht.«

»Ich kann Mama fragen«, sagt Artur.

Und wir haben Glück! Hanne schenkt uns Tannenzweige. Fünf Stück! Aber als wir wieder in Rines Wohnung sind, ist es sofort ganz und gar verzwickt. Wir müssen die Zweige in den Besenstiel stecken. Aber ein Besenstiel hat keine Löcher.

»Wie soll das gehen?«, fragt Rine.

»Wir müssen Löcher bohren!«, sagt Nele.

»Pffft!«, mache ich. Dass Bohren nicht geht, ist doch wohl oberklar.

»Wir brauchen eine Schnur!«, erkläre ich. »Damit knoten wir die Zweige an den Besen!«

So machen wir es dann auch. Doch als wir den Besen an die Wand lehnen, sieht es total …

»… oberblöd. Das sieht oberblöd aus!«, ruft Rine.

Und das stimmt. Es sieht aus wie eine Baum-hexe. Oder wie eine Vogelscheuche. Oder wie eine Mischung aus beidem. Eine hexige Baum-scheuche. Aber ohne Grusel. Nur mit Blöde.

»Und jetzt?«, fragt Nele.

Rine kickt gegen den Besen. Sie kickt so hart, dass der Besen umfällt. Das rumpelt. Dann rumpelt es gleich noch einmal! Erschrocken gucken wir uns an. Zack, geht die Wohnzimmertür auf, und im nächsten Moment steht Marik neben uns.

»Oh«, sagt Marik und guckt auf die liegende Baumscheuche.

»Marik!«, ruft Rine und wirft sich in seine Arme.

»Ist das Beinahe-schon-da-Baby da?«, will ich wissen.

Marik grinst. »Ja. Das ist es tatsächlich.« Er guckt Rine an und sagt: »Herzlichen Glückwunsch, Rine. Du bist jetzt eine große Schwester! Magst du verraten, wie das Baby heißt?«

»Sania«, sagt Rine. »Sania heißt meine Schwester!«

Marik lacht, und Marik nickt. »Genau, Rine. Sania heißt deine Schwester. Und weißt du was? Sania möchte dich jetzt unbedingt kennenlernen. Hast du Lust?«

Manchmal sind Erwachsene schon ziemlich verdreht. Das ist doch wohl klar, dass Rine Sania kennenlernen will. Und ich und Artur und Nele wollen das auch.

Marik schüttelt den Kopf. »Die Damen brauchen noch Ruhe«, lächelt er. »Und außerdem brauche ich euch doch hier. So toll habt ihr alles geschmückt und aufgeräumt. Vielen Dank!«

Genau in diesem Moment passiert es. Die Schnur am Besen löst sich. Die Tannenzweige landen auf dem Boden! Doch Marik hat eine Idee. Er holt eine große Vase. In die kommen die Zweige. Richtig schön sieht das jetzt aus.

»Das ist der Baby-Weihnachtsbaum«, erklärt Marik. »Und ein Baby hat natürlich eine große Schwester. Guckt mal in den Flur!«

Schon sausen wir los. Und im Flur steht … ein ganz und gar echter Weihnachtsbaum! Rine jauchzt. Obwohl der Baum ein Große-Schwester-Baum ist, ist er ziemlich klein. Das ist aber nicht blöde, sondern gut. Sogar doppelt gut. Einmal, weil Marik ihn, zack, aufgestellt hat. Ohne tausend Mal gerade rücken wie bei uns zu Hause. Und das zweite Mal, weil Nele und Artur und ich einen so kleinen Baum natürlich ganz allein schmücken können. Und sein Baby-Geschwisterchen auch. Marik holt eine Kiste aus dem Flurschrank. Darin ist der Weihnachtsbaumschmuck.

Und dann geht auch schon die Wohnungstür auf und wieder zu. Rine und Marik sind weg.

Artur, Nele und ich sind noch da. Wir schmücken und schmücken und schmücken. Mit Strohsternen und roten Kugeln, kleinen Engeln und Zauberplätzchen. Als ich den Kopf hebe, sehe ich, dass ein paar Schneeflocken vor dem Fenster tanzen. In mir drin tanzt es auch. Das ist eine Idee. Und dann tanze auch ich, und zwar ins Schlafzimmer. Schnell kippe ich die Wäsche aus dem Wäschekorb aufs Bett. Eins ist ja wohl klar: das Beinahe-schon-da-und-jetzt-ganz-in-echt-auf-der-Welt-Baby braucht einen Ehrenplatz. Es soll es ganz wunderbar weihnachtlich haben. In den Korb kommt die grüne Sofadecke. Das sieht so gemütlich aus, dass Nele sofort einmal Probe liegt.

»Und?«, fragt Artur und guckt Nele an.

»Gut«, sagt Nele.

Und das ist es wirklich.

Die Wohnung ist weihnachtsfein und babyfein und nun ist alles bereit.

6.

Das weihnachtsschönste Weihnachtsfest

DONNERSTAG, 24. DEZEMBER

Das gibt es doch nicht! An meiner Nase klebt schon wieder eine Monsternase! Aber diesmal schläft die Monsternase noch tief und fest. Und sie gehört auch kein bisschen Nele. Sie gehört Rine. Rine liegt neben mir und zwar so dicht, dass sich unsere Nasenspitzen beinahe berühren.

»Jule, bist du schon wach?«, wispert es in meinen Rücken. Das Rückenwispern ist Artur! Artur schläft nämlich auf der anderen Seite. Wobei er jetzt natürlich nicht mehr schläft. Das ist ja klar. Blitzeschnell drehe ich mich um.

»Artur!«, flüsterjubele ich. »Heute ist Weihnachten!«

»Ja!«, ruft es da. »Heute ist Weihnachten!« Das war Nele. Sie steht auf ihrer Matratze und hopst und hopst.

»Pssst!«, mache ich. »Du weckst doch Rine!«

»Kein bisschen weckt mich Nele«, erklärt Rine. »Ich bin schon seit tausend Jahren wach.«

Als sie gerade noch was sagen will, geht die Tür auf, und Hanne steckt ihren Kopf in unser Zimmer. Na gut, wir sind auch bei Artur zu Hause. Heute Nacht war sein Zimmer das Zimmer von uns allen. Von Artur und mir und Nele und Rine. Ja, auch von Rine! Bohn-Nuss-Marik und Rines Mama und Sania kommen erst heute Nachmittag nach Hause. Marik hat Rine nach dem Sania-Besuch gestern wieder zu uns gebracht. Und weil Artur dann auch noch bei uns sein wollte, hat Hanne uns alle einmal über den Flur gescheucht. Damit Mami und Mama ein bisschen Ruhe haben. Am Ende durften wir alle bei Artur übernachten.

»Habt ihr gut geschlafen?«, fragt Hanne.

»Ich habe kein bisschen geschlafen«, erklärt Rine.

»Ich auch nicht!«, behauptet auch Nele.

»Pffff«, mache ich und gucke Artur an.

Aber der ist schon nicht mehr neben mir. Darum springe ich auf und sause in die Küche. Hanne hat den Tisch schon gedeckt. Ganz weihnachtsschön mit einer Kerze in der Mitte. Und der Adventskranz auf dem Fensterbrett kerzenleuchtet auch. Dann gibt es Müsli und Kakao für Rine, Artur, Nele und mich und Kaffee für Hanne. Lange trödeln dürfen wir aber nicht.

Denn wir wollen noch die Weihnachts-wunsch-Plätzchen im Haus verteilen.

»Herr Nowak muss das mit dem Hund kriegen«, bestimmt Nele.

Ich nicke. Weihnachtswichtelflink huschen wir zu uns in die Wohnung. Dort warten die Zauberplätzchen. Manche sind größer und manche sind kleiner, manche rund und andere irgendwie so ausgefranst. Obwohl alle ganz unterschiedlich aussehen, weiß ich nicht, wo denn jetzt der Hund drin ist!

»Wo ist denn der Hund drin?«, frage ich.

»Da«, sagt Nele und deutet auf ein Plätzchen.

Ich ziehe eine Augenbraue nach oben.

Rine zuckt nur mit den Schultern und sagt: »Keine Ahnung, wo der Hund drin ist.«

»Hm«, macht Artur.

Jetzt wäre es gut, wenn der Osterwichtel da wäre. Ein Osterwichtel verpackt Geschenke und dann versteckt er sie. Aber obwohl es so viele sind, weiß er ganz sicher, was in welchem Geschenk drin ist. Doch Nele hat schon das Plätzchen, auf das sie eben noch gezeigt hat, in der Hand, und dann sausen wir auch schon los.

Wir fangen bei Herrn und Frau Kindermann an. Da macht aber niemand auf. Und in der WG auch nicht. Herr Nowak aber ist zu Hause und deshalb bekommt er das allererste Zauberplätzchen.

»Ein Stern!«, freut er sich. »Wie schön! Ist das ein Wunschstern?«

Ich fasse es nicht! Ich funkele Nele an. Nele hat Herrn Nowak natürlich doch das falsche Plätzchen gegeben. Nicht das mit dem Hund drin! Aber Nele guckt nur Herrn Nowak an und grinst und freut sich, doch dann reißt sie die Augen auf und ruft: »Nein!«

Als ich sehe, was Nele sieht, rufe ich auch: »Nein!«

Da ist es schon zu spät. Herr Nowak hat sich das Zauberplätzchen in den Mund geschoben.

Jetzt ist er es, der »Oh, nein!« ruft. Und dann: »Igitt!« Und dann: »Das ist ja überhaupt kein Plätzchen. Das ist ja …«

»Salz«, sagt Artur. »Das ist Salz.«

Nun erzählen wir Herrn Nowak die ganze Geschichte. Er kichert ein bisschen, dann lacht er.

Aber erst, nachdem er das Zauberplätzchen in ein Taschentuch gespuckt hat.

»Ich habe eine Idee«, sagt er nun. »Wenn es eure Eltern erlauben, backe ich mit euch Sterne. Aber süße Sterne, die man essen kann. Na, was meint ihr?«

Da müssen wir gar nichts meinen.

Und dann backen wir! Aber nicht nur Sterne. Wir stechen auch Rentiere aus und unsere Engel und Herzen und Weihnachtsbäume und tausend Sachen mehr. Als die letzten Plätzchen im Backofen backen, geschieht ein doppeltes Glück.

»So«, sagt Herr Nowak nämlich. »Jetzt ist es höchste Zeit für Fritzis Gassi-Runde. Habt ihr Lust, mit Fritzi rauszugehen?«

Doppelt wird das Glück, weil Herr Nowak nicht mitgehen möchte. Stattdessen möchte er die Küche aufräumen. Und das bedeutet: Wir müssen kein bisschen beim Kücheaufräumen helfen! Doch heute ist es wie verhext. Da hüpft das Glück wilder als ein Flummi. Denn sofort ist das Glück wieder weg. Vor der Wohnung von Herrn Nowak steht Hanne.

»Schlechte Neuigkeiten, Artur«, sagt sie. »Es tut mir so leid, aber ich habe keinen Raclette-Käse mehr bekommen. Ich war in vier Läden, aber Raclette-Käse ist überall ausverkauft.«

Artur sagt nichts. Aber er guckt. Und zwar so, dass ich Arturs Traurigkeit nicht nur sehe, sondern auch spüre. Als wäre die in mich reingehüpft.

Dann platzt es aus Artur raus: »Warum hast du den Käse nicht schon früher gekauft? Immer arbeitest du und arbeitest du. Weihnachten ohne Raclette ist blöde!«

Plötzlich ist auch ganz viel Jule-Traurigkeit in meinem Bauch. Denn nun fällt es mir wieder ein. Auch bei uns wird Weihnachten blöder als blöde. Weil wir kein bisschen zu Nonna und Nonno fahren und ganz ohne sie feiern müssen.

»Wir nehmen einfach Reibekäse«, sagt Hanne. »Oder ich mache Pfannekuchen. Na, Artur, was meinst du?«

Aber Artur meint nichts. Weil er jetzt auf keinen Fall was

meinen darf! Denn neben der Traurigkeit hüpft plötzlich eine Idee. Da ist es gut, dass Fritzi nun wie wild an der Leine zieht. Fritzi will raus. Sofort. Und das will ich auch.

Schnell schiebe ich Artur von Hanne weg.

»Fritzi muss mal!«, erkläre ich.

Artur nickt. Und Hanne seufzt.

»Pfannekuchen«, schimpft Artur, als wir durch den kleinen Park bei uns um die Ecke laufen.

»Quatsch«, sage ich.

»Quatsch?«, fragt Artur.

»Quatsch mit Soße. Und mit Apfelmus. Vielleicht auch mit Schokocreme. Aber ohne Pfannekuchen. Dafür mit Käse«, erkläre ich.

»Hä?«, macht Nele. »Du redest totalen Unsinn, Jule!«

Das mache ich aber nicht. Ganz im Gegenteil. Schnell verrate ich Artur und Nele und Rine meinen Plan.

»Ich will da aber auch mitmachen!«, erklärt Rine.

»Na klar«, sage ich. »Du machst sowieso mit. Und Marik und Isabel und Sania auch.«

Diesmal kann uns die Gassirunde mit Fritzi gar nicht schnell genug gehen.

Doch Fritzi kann die Gassirunde gar nicht langsam genug gehen! Überall schnuppert er und bleibt stehen und guckt und schnuppert schon wieder und hebt ein Bein.

»Mensch, Fritzi!«, ruft Artur. »Jetzt mach aber mal!«

Als wäre das ein Startschuss gewesen, saust Fritzi plötzlich los. So schnell, dass mir die Leine aus der Hand rutscht. Und mein Herz rutscht in meine Hose.

Heute ist Weihnachten! Und ausgerechnet an Weihnachten verlieren wir unseren Weihnachtsdackel!

»Hinterher!«, kreischt Rine.

Fritzi aber denkt, dass wir mit ihm spielen. Er hopst zwischen uns hin und her und her und hin und belljauchzt vor Glück. Fangen aber lässt er sich nicht.

Plötzlich zischt etwas ganz nah an meinen Beinen vorbei. Artur hat einen Stock geworfen! Fritzi jagt dem Stock hinterher. Und als ich gerade losbrüllen will, dass das ja noch blöder als blöde ist, weil Fritzi jetzt noch weiter wegrennt –

kommt Fritzi mit dem Stock im Maul wieder, lässt sich kraulen und loben und, zack, packe ich die Leine wieder.

»Artur!«, rufe ich. »Du bist der weltbeste Weihnachtsdackel-Bändiger!«

Und eins ist ja wohl klar: Wenn wir einen Weihnachtsdackel bändigen können, dann können wir einfach alles. Dann gelingt auch unser Plan. Ehrlich wahr. Anders kann es kein bisschen sein.

»Fröhliche Weihnachten!«, sagen wir, als wir Fritzi zurück zu Herrn Nowak bringen.

»Fröhliche Weihnachten!«, sagt Herr Nowak. Aber das hören wir nur noch so halb. Wir stürmen schon die Treppe hoch.

Rine drückt sofort auf die Klingel. Mama macht die Tür auf.

»Kommt rein«, sagt sie. »Du auch, Artur. Hanne ist bei uns.«

Wir gucken uns an.

Ich bin ziemlich aufgeregt. Und überlege und überlege, wie unser Plan klappen könnte. Doch weit komme ich nicht. Denn Nele platzt schon halb mit unserem Geheimnis raus, als wir in die Küche kommen. Es riecht nach Nudelsuppe.

Auf dem Herd stehen zwei große Töpfe und blubbern. Und in mir drin, da blubbert es auch.

»Wir haben einen Plan!«, ruft Nele.

»Oh ho!«, sagt Mami. »Das ist ja interessant.«

»Was ist denn euer Plan?«, will Hanne wissen.

Artur klettert auf Hannes Schoß. Ganz nah an ihrem Hals murmelt er: »Ich will keine Pfannekuchen, Mama.«

»Genau!«, rufe ich. »Artur will Raclette. Und darum …«

… und nun ist es wie im Kino. Oder wie im Theater. Sogar ganz ohne Probe. Obwohl wir es nicht abgesprochen haben, rufen Artur, Nele, Rine und ich nun gleichzeitig:

»Darum feiern wir Weihnachten alle gemeinsam!«

Verblüfft gucke ich Artur an. Und verblüfft guckt Artur mich an. Und dann gucken wir uns alle verblüfft an. Denn nicht nur Artur und ich, Nele und Rine haben das gerufen. Mama, Mami und Hanne auch! Plötzlich lachen alle.

»Oh, Mami!«, freue ich mich. »Geht das? Geht das ganz in echt, dass wir alle, alle zusammen feiern?«

Und Mama sagt: »Das geht nicht nur, das machen wir so. Wir feiern gemeinsam Weihnachten. Ich habe gestern so viel Raclette-Käse gekauft, das reicht für drei Bären-

familien, einen hungrigen T-Rex und eine Horde weih-
nachtswuseliger Kinder.«

»Ach du warst das! Du hast alle Regale leer gekauft!« Hanne kichert.

Das Weihnachtswunderbarste ist: Rines Eltern sind sogar
schon eingeweiht.

»Und wenn es deiner Mama oder Sania zu viel wird, gehen sie einfach zu euch runter«, erklärt Mama.

»Und du darfst mit oder mit uns weiterfeiern, ganz wie du
dann möchtest«, sagt Mami.

Rine strahlt. Und ich strahle auch. Wie der Weihnachts-
stern. Alles an mir und in mir leuchtet, und das ist ganz
wunderbar.

Vor dem großen Fest heute Abend haben wir noch ziemlich viel zu tun. Wobei – zuallererst essen wir Nudelsuppe. Dann helfen wir Hanne und Mama. Wir tragen unseren
Küchentisch ins Wohnzimmer. Dann holen wir noch einen
Tisch von Hanne und alle Stühle, die Hanne und Artur haben. Hanne verschwindet in der Küche und bindet sich eine
Schürze um.

»Ich mache noch einen Teig. Für Pfannekuchen«, erklärt
sie.

Artur kriegt so große Augen, dass ich Sorge habe, dass sie
in die Rührschüssel plumpsen.

»Pfannekuchen?«, fragt er. »Aber es gibt doch Raclette!«

»Raclette und Pfannekuchen. Und Pizza«, erklärt Hanne. »Das kann man alles in den kleinen Pfännchen machen. Und weil wir so viele sind, gibt es ganz viel Auswahl.«

Ich klatsche vor Freude in die Hände. Pizza und Pfannekuchen! Einfach so am Tisch backen! Das habe ich noch nie gemacht. Artur wohl auch nicht. Und deshalb gluckst er jetzt so glücklich, als wäre er ein Glückswichtel. Die gibt's ehrlich wahr auch.

Was ich auch noch nie gemacht habe: Mit so vielen Menschen auf einmal Weihnachten feiern. Und alle, alle sitzen bei uns!

Na ja, nicht ganz. Mami liegt natürlich. Auf dem Sofa. Und Fritzi liegt auch. Auf dem Boden. Ja, Fritzi! Mama hat nämlich auch noch Herrn Nowak eingeladen. Es sollte eben keiner allein bleiben, schon gar nicht an Weihnachten.

Unser Wohnzimmer sieht so schön festlich aus, dass ich mich beinahe kneifen muss vor Glück. Und dann geht es los. Zumindest so ein bisschen, denn Marik, Isabel und das Baby fehlen noch.

»Wir singen uns die drei herbei«, bestimmt Hanne. Und das machen wir dann auch. Wir singen »Vom Himmel hoch« und »O Du Fröhliche« und »Alle Jahre wieder«. Und auch wenn es sich anhört wie geflunkert, so ist es doch wahr. Genau in dem Moment, in dem Mama »Ihr Kinderlein, kommet« anstimmt – klingelt es an der Tür.

»Sania!«, ruft Rine.

Ich bin vor Mama an der Tür. Zack, reiße ich sie auf. Und dann traue ich meinen Augen nicht.

»Nonna!«, rufe ich.

»Nonno!«, ruft Nele.

»Buonasera!«, lachen Nonno und Nonna.

Ich drehe mich zu Mama um. »Wie kann das denn sein?«, frage ich. Mama zwinkert Nonna zu. Nonna zwinkert zurück.

»Na, so einfach kann das sein!«, erklärt eine Stimme. Onkel Stefano!

Stefano ist in Berlin, wo er lebt, losgefahren, hat bei Nonna und Nonna haltgemacht und die beiden eingepackt. So ist es für Nonno am einfachsten. Und jetzt sind alle drei da.

»Gut, oder?«, fragt Stefano.

»Nee!«, rufe ich. »Kein bisschen gut! Obersuperweihnachtsgut!«

Und das finden alle anderen auch.

Doch da klingelt es schon wieder.

Und diesmal ist es …

… der Osterwichtel!

Denn wirklich, Sania sieht aus wie ein kleiner Wichtel! Sie hat eine knallrote Mütze auf dem Kopf. Und ein bisschen wichtelschrumpelig und wichtelfaltig ist sie auch. Das sage ich aber lieber nicht laut, denn alle machen schon »oh« und »ah« und sagen, wie bezaubernd und süß und wunderbar Sania ist. Aber Sania schläft sowieso. Das ist gut. Denn kaum sind nun ganz in echt alle im Wohnzimmer, singen wir »Oh Tannenbaum, oh Tannenbaum, wie grün sind deine Blätter«. Wenn Artur und Hanne Weihnachten feiern, ist das der Moment, in dem die Kerzen am Weihnachtsbaum angezündet werden. Das macht Hanne jetzt auch.

Wie das glitzert und glänzt!

Danach liest uns Mami die Weihnachtsgeschichte vor. Denn wenn wir Weihnachten feiern, ist das der Moment, in dem die Weihnachtsgeschichte gelesen wird.

»Und jetzt: Bescherung!«, bestimmt Nele.

»Halt, stopp!«, sagt Isabel. »Erst ist noch Rine dran.«

»Bei uns«, sagt Rine, »verstecken wir eine Gurke im Baum. Und wer sie entdeckt, der darf als Allererstes ein Geschenk öffnen.«

Eine Gurke? Das habe ich ja noch nie gehört! Ich kichere. Aber dann muss ich mich konzentrieren! Doch ich kann gucken und gucken, wie ich will. Ich sehe keine Gurke. Am Ende ist Nonna die Schnellste. Was auch daran liegt, dass überhaupt keine echte Gurke im Baum hängt und auch keine Essiggurke. Sondern ein winzig kleiner Gurkenanhänger. Er ist so klein wie mein kleiner Finger und baumelt ganz hinten an einem Tannenzweig. Ungerecht ist das aber nur kurz. Denn Nonna will überhaupt nicht als Allererste ihr Geschenk aufmachen.

»Das macht mal schön ihr Kinder«, sagt sie.

Das ist natürlich gut. Wie es überhaupt gut ist, dass wir alle jetzt beisammensitzen und reden und lachen und einen Weihnachtsdackel streicheln und ein Weihnachtsbaby bewundern und es wunderbar haben. Weihnachtswunderbar eben. Das ist ja wohl klar.

Und wer weiß, ob nicht auch der Osterwichtel unter dem Baum sitzt und heimlich mit uns feiert …

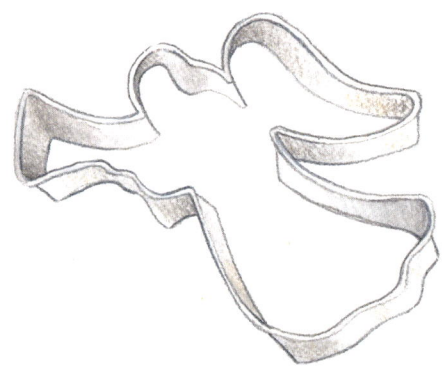

Madlen Ottenschläger, Frau Annika:
Wie man Weihnachtsdackel bändigt und
Wichtelverstecke findet
ISBN 978-3-480-23896-5

Einbandtypografie: Vanessa Weuffel
Innentypografie: Tanja Haaf
Reproduktion: Schwabenrepro GmbH, Fellbach
Druck und Bindung: Livonia Print, Riga, Lettland